从小读到大 _{修订本}

尹建莉 著

长江出版传媒 长江文艺出版社

北京长江新世纪文化传媒有限公司
www.cjxinshiji.com
出品

阅读与人生

借助书籍，任何一个普通人都会慢慢获得清晰的思考能力和敏锐的洞察力，更少陷入盲从和愚蠢。

阅读能让人看见世界，看见他人，也看见自己。

当一个人能看见自己时，就会自动进入"修复程序"，并且变得有力量，这就是所谓的自我成长和自我完善。

让自己成为自己的导师，这是人生中最可靠最能受益的事情。阅读是这条路上渐次亮起的明灯。

爱阅读的人不一定成大事，成大事的人一定爱阅读。

——尹建莉

02 如何引导孩子阅读？

家长问答

尹建莉育儿观

03 如何让孩子爱上阅读?

家长问答

尹建莉育儿观

04 如何给孩子选书?

05

如何引导孩子识字？

家长问答

尹建莉育儿观

06

儿童古诗词背诵

家长问答

尹建莉育儿观

07

书房是最好的学区房

家长问答

尹建莉育儿观

08

阅读和成长的故事

尹建莉育儿观

附录

前言

让孩子爱上阅读，教育就成功了一半

尹建莉

十几年前，人们并不重视儿童阅读，全社会对儿童早期阅读和课外阅读都表现漠然。从家庭到学校，都以学课本为重，把课外阅读和学校功课对立起来，认为阅读是无用之事，浪费时间。很多家长和老师会人为地阻碍孩子读课外书，就像现在很多人阻拦孩子玩电脑游戏一样。

我的第一本家庭教育著作《好妈妈胜过好老师》2009年出版，书中把阅读这个主题作为重点内容，从教育学、心理学及社会学几方面进行了多角度的论述，这客观上起到了对儿童阅读理念的"纠偏"作用。无数家长和教师正是从这本书中第一次知道了阅读的价值和早期阅读的重要性，开启了自己和孩子的阅读之旅。

这些年，通过各界人士的宣传和推动，儿童阅读的重要性已成共识，阅读已开始形成大气候，成为摆在新一代家长面前的任务。由此，关于儿童阅读的问题也一下子冒出来许多——我的邮箱或其他交流渠道几乎每天都会收到关于阅读方面的提问。比如：如何让孩子爱上阅读，读什么，怎么读，等等。

尤其近两年，新媒体越来越发达，电子设备越来越普及，短视频、电子游戏已深入绝大多数人的生活。在这样的大环境下，人们对儿童阅读又产生了一些新的问题。比如，传统的文字阅读已被听书、看视频大幅挤占，这对孩子成长有影响吗？在当前环境下，如何引导孩子爱上阅读？大语文改革的情况下，阅读对于语文学习和高考有什么不同以往的影响？如何让孩子合理分配阅读和玩游戏、看视频的时间……

世界的每个角落、每个缝隙都在不断衍生新事物，产生新问题，需要新答案。人们也经常忙于寻找答案，给出答案。但真正的新问题其实从来没出现过，所有的问题都是老问题。如果我们能透过纷繁复杂的表象看见事物背后稳定不变的部分，我们就能知道答案其实都很简单，而且通用。

阅读就是这样，只要我们理解了阅读的本质，吃透了阅读的功能，把握了阅读的基本方法，就可以在任何时代，任何社会背景下把阅读这件事做得非常简单、根本、有效。

在我的《好妈妈胜过好老师》及另外两本书《最美的教育最简单》和《好妈妈胜过好老师 2：自由的孩子最自觉》中，有不少篇幅在谈阅读。这些内容在十几年前适用，在当下和未来也适用。事实也证明，很多家长和老师就是从这几本书中得到了具体方向和方法，从而有效地带领孩子们进入了阅读的世界。

但因为我的这些阅读观分散在几本书中，当家长或教师有了关于儿童阅读方面的疑惑时，需要很费力地翻遍三本书去寻找答案，却很难一下子找出来。于是不少人会给我写信咨询，而我实在没有太多时间一一回复，只能回复说答案书里有，自己去找吧。这样的回复别说对方，我自己也不满意，但也无可奈何。

于是有人建议，是否可以将相关内容整理出来，专门做一本关于儿童阅读的书，方便人们学习和查阅。我觉得这个主意很好，对前面几本书的相关内容进行了整理，又补充了一些读者的新问题及其它新内容，于是就有了这本书。

这本书作为工具书，主要围绕阅读、识字、写作来编写，更扩展了和阅读有关的一些话题及知识点，同时还有推荐书单——几乎所有当下关于儿童阅读方面的问题，家长们都能在本书中找到答案。

同时，考虑到教育从来不是孤立事件，从阅读到功课，从生活到习惯，从心理到行为等等，所有事情彼此间都有千丝万缕的联系，发生问题和解决问题往往是牵一发而动全身，拔出萝卜带起泥，必须系统解决，而阅读作为儿童教育的一部分，同样无法孤立理解、孤立完成，它是一个家长或教师整体教育价值观的部分体现。所以本书同时不吝篇幅地收录了我的一些教育观，也可以称之为尹建莉教育语录——它们表面看来和"阅读"这件事没关系，但却是理解阅读、做好阅读的思想基础，在此也希望与这本书有缘的家长们认真理解这些教育观。

感谢著名主持人白岩松先生惠赐书名《从小读到大》，神来雅意，点睛妙笔，与本书主旨浑然天成，为本书增色良多。

让孩子爱上阅读，教育就成功了一半。希望这本书能在推动儿童阅读方面起到应有的作用。

祝福每个人。

01

阅读为何如此重要

一个不阅读的人是愚昧的，
一个不阅读的家庭是无趣的，
一个不阅读的民族是悲哀的。

——尹建莉

小时候听过一个"手端银碗讨饭吃"的故事。说的是有三位父亲经常到庙里为儿子祈福，天长日久感动了菩萨。有一天他们同时被菩萨请去，允许他们从众多的宝物中每人挑一样，回去送给儿子。第一位父亲挑了一只镶嵌着宝石的银碗，第二位父亲挑了一辆包满黄金的马车，第三位父亲挑了一副铁铸的弓箭。得了银碗的儿子每天热衷于吃喝，得了金马车的儿子喜欢在街市上招摇，得了弓箭的儿子整天在山野间狩猎。多年后，三位父亲去世，爱吃喝的儿子坐吃山空，把碗上的宝石抠下来变卖完，最后不得不手端银碗讨饭吃；爱招摇的儿子失去了招摇的资本，每天从金马车上剥一小片金子，换点粮食辛苦度日；会打猎的儿子练就了一身狩猎好功夫，经常扛着猎物回来，一家人有酒有肉有穿有吃。

这个朴素的民间故事寓意是深刻的，作为父母，如果我们留给孩子的只是一些消耗性的财富，是不可靠的；只有给孩子留下一些生产性的财富，才是真正对他们一生负责。

时代发展到今天，金银的概念还基本停留在物质财富的层面，没有本质变化，而"弓箭"的概念则需要重新定义。那么，在当下，什么是我们能送给孩子、可保障他们一生幸福健康的最可靠的礼物呢？

我认为，这个最可靠的礼物就是阅读。

　　我相信，现在家长们对孩子的具体期望各不相同，但所有人的第一期望和终极期望都差不多——希望孩子一生健康、幸福。

　　通过阅读所能实现的就是，第一给孩子良好的智力；第二给孩子良好的心理品质。

读书是与智者对话

古人曾说："书中自有黄金屋，书中自有颜如玉。"虽然这个说法在字面上有些夸张和功利，但却从侧面说明了书籍对个人乃至人类的重要影响。

文字是人类文明最重要的载体，几千年来，人类几乎所有的知识和智慧，都是以文字的形式被记载、记录下来，汇成了无比浩瀚的知识海洋。

阅读可以超越时空，把最优秀的思想带到我们面前。它让我们突破身体的局限，思接千载，视通万里，畅享古往今来贤哲们的智慧，吸收人类文明的优秀成果，看得更长远，想得更深入。

我们无法返回二千五百年前去听苏格拉底或老子讲学，却可以成为他们的弟子，受惠于他们的智慧；不能指望自己身边就有一个蒙台梭利，却可以分享她的精神和信念；不可能亲耳聆听曹雪芹给我们讲写作、讲人生，却可以从他那里学习到高超的写作技巧及对人生的洞察力……

古今中外，智者灿若星河，他们所著的书散落在茫茫时空中，而阅读就像是无障碍地穿越时空的一场旅行，让我们靠近那些闪亮的名字，感受他们的温度和高度，在他们以文字铺就的知识、智慧和经验之路上找到自己的路径，走出属于自己的人生之路。

借他人智慧为人生储值

人生初始，可以说所有的孩子都是一样的，都像白纸一样干净而单纯；同时又可以说每个孩子大不相同，家庭、遗传、天赋、境遇等，千差万别。

决定一个人一生过得好不好，向上流动还是向下流动，内在的幸福感多还是少，因素确实很多，且大部分不可控。但有一个非常重要的影响因素却是可以控制的，那就是阅读。

阅读是储智，也是借力。心理学研究证实，阅读可以让一个人的智商更高，逻辑判断更清晰。它超越年龄、种族、性别，在阅读面前，人人平等，无论你出身是贫是富，无论你身居乡野还是都市，都可以借此获得丰富的智力储备和内在力量。

家长或教师如果能让孩子喜欢上阅读，就是对孩子最好的馈赠，既为他的人生账户留下了一笔丰厚的资产，又为他的未来购买了一份幸福保险。

积少成多为人生攒后劲

一般来说，一个人的受教育水平及做事的能力，和父母的文化程度呈正相关，但并不绝对。

生活中，我们确实能看到一些普通家庭培养出高才生、杰出人才，也会看到一些高学历父母的孩子学习困难，成年后各方面非常平庸，甚至在平均线之下，其中原因肯定不能用"基因"或"遗传"来解释。造成这种现象的原因应该是多样的，其中最重要的一个因素，就是孩子的阅读量。

这些年，媒体每年都会对一些高考成绩优异的学生进行报道，如果我们留心观察，从媒体报道的字里行间总会看到，所有这些学业出色的孩子，虽然家境不同、父母学历不同，但他们都有一个共同的特点：家里书多，爱阅读。当这些孩子谈到他们的成绩时，几乎没有人归因为自己多么用功，而是不约而同地提到了丰富的课外阅读。

一个喜欢阅读的孩子和一个不喜欢阅读的孩子，在幼儿期、小学阶段，甚至包括初中低年级，往往不会表现出太大的差异。课外阅读少的孩子在课外班、家长和老师的强力推动下，甚至会暂时表现出成绩方面的优越，这给不少家长和老师带来了错觉——以为课外阅读可有可无，甚至认为它还会挤占学习时间，影响学习成绩。但当孩子进入中学，随着学业的不断扩展和深度增加，他们往往就会后继乏力。

　　当然，并不是只要阅读就一定能拿到优异的高考成绩，但是不阅读肯定拿不到优异的高考成绩。这就像并不是种庄稼就一定有大丰收，但不种庄稼肯定没有收成一样。

　　高考成绩当然不能代表教育的成败，更不能说明人生的得失，但高考作为我国一种绵延几十年的人才筛选机制，至少可以佐证阅读的功能。这种功能在任何时代、任何社会机制里都是有效的。

洞悉生活，自我疗愈

可以说，几乎所有的人都是带着某种童年时代的心理创伤长大的，区别只是程度不同。其原因，一是几乎所有的家长，在教育子女的道路上都犯过错误，这些错误虽是无心之过，但都会给孩子带来心理伤害；二是生活不可能对每个人都绝对公平，亲戚、朋友、邻居、教师、同学以及社会大环境等等，都有可能破坏童年的无忧无虑。

我们也看到：有的人虽然历尽坎坷，却能战胜伤害，最终活得精彩；而有的人却十分脆弱，遇到打击就一蹶不振；更有甚者，自己在童年时代遭遇了伤害，成年后却复制施暴者的恶行，又去伤害更弱小的人。

为什么会出现这样的情况？那些能够走出童年阴影的人，他们的自我救赎和自我成全的能力是怎么来的？答案当然不可能只有一种，因为每个人的情况千差万别。但有一种自我救赎方法是最普遍、最有效、最简单，也最能自我把控的，那就是阅读。

一本好书，其核心价值观一定是正面的，其中往往蕴含着人性的真善美。尤其当我们发现了一本好书时，就像拥有了一个隐形的知心朋友，它和我们交流思想，倾心畅谈，让我们的心灵不再孤寂，更让我们对生活、对人生有深刻的领悟和洞悉，内心的伤痛也会慢慢地得到平复和疗愈。

爱阅读的孩子不容易变坏

　　爱阅读的孩子不容易变坏。因为孩子一旦形成了阅读习惯，就建立起了一种正向能量的吸收方式，书籍向他的内心灌注美好的东西，生物的自我保护天性也让他愿意消化和吸收一切正面的东西，并且有能力甄别和剔除不利于自我成长的部分。

　　一个孩子从阅读中经历了丰富的社会生活，倾听了众多的智慧语言，分享了无数思考成果，他内在的智慧会不断提升，思想会更成熟，价值观会更完善。

　　我们注意到这样一种现象：很多道理，对一些人如同一张薄纸，轻点即透，豁然开朗；对另一些人却如高山，难以逾越。这是因为前者通过阅读为自己建立起了很多接纳新思想和新事物的通道。

　　拿起一本书去阅读，这个行为本身就表明了一种积极的生活态度：外面的世界总有我意想不到的精彩，总有能帮助我不断提高的思想和智慧。借助书籍，任何一个普通的人都会慢慢获得深度的思考能力、敏锐的洞察力，更少陷入盲从和愚蠢。

　　阅读能让人看见世界，看见他人，也能让人从外到内看见自己。当一个人能看见自己时，就会自动进入修复程序，并且变得有力量，这就是所谓的自我成长和自我完善。

　　让自己成为自己的导师，这是人生中最可靠、最能受益的事情。

赢在起跑线，直到后半场

这些年，"不让孩子输在起跑线上"成为一句流行语，只不过开始时是正面口号，后来变成了一个笑话。

最初这句话出现，说的是很多家长疯狂地给孩子报各种学习班，早早地让孩子投入到各种和学校课程相关的学习中，比如早早学英语、学拼音、学写字等等，代价是剥夺了孩子的童年快乐，伤害了他们的学习兴趣，导致很多孩子的学习能力如昙花一现。到人们发现这条路行不通时，又有许多人跳到另一个极端，认为孩子在上学前什么都不应该学习，尤其不应该认字，这又导致了很多儿童错失启蒙教育的最佳时期。

家庭教育和一种体育比赛特别相似——马拉松比赛。当比赛刚开始的时候，如果一个人遥遥领先，我们一般不会认为他会得名次，因为未来的变数实在太多。但在比赛的最后阶段领先的人，他获得名次的概率是很大的。家庭教育更是如此，它追求的是孩子十几年乃至几十年以后的成功，比如非常关键的高考成绩，还有比高考成绩更为重要的幸福人生。

很少获得阅读熏陶的孩子，即使在小时候表现得聪明伶俐，成绩优良，由于他们缺少隐形力量的支持，也只储备了很少的智力能量。这些能量用来应付小学阶段的小负荷功课往往绰绰有余，但从中学开始，他们就会表现出力不从心的趋势。

而那些阅读量大的孩子，即使他们从小表现一般，但由于积蓄了巨大而深厚的潜在力量，而且心理状态因为阅读变得越来越健康，因此在以后的学业中往往表现出很强的爆发力，成为后起之秀。

放弃刻意追求儿童早期的优秀，转而培养孩子对阅读的兴趣，为孩子提供自由、快乐的成长空间，这才是真正地为孩子一生最终的成功打下基础，这才是真正把孩子放在了远远高于其他人的"起跑线"上。

那些学龄前认字会损害智力的说法，是无稽之谈，是矫枉过正的说法，并不具有教育的整体观。它是把"强迫幼儿认字"和"幼儿应该认字"当一回事来谈了。就像有人说逼孩子吃饭是错误的，然后就有人极端地说不应该给孩子吃饭一样荒唐，这样偏激的说法会导致儿童错失启蒙教育的良机。

尤其在当下的互联网时代，吸引孩子的东西很多，如果孩子基础识字任务完成得太晚，阅读兴趣没有在早期建立，很可能会一直停留在不爱阅读、浅阅读的水平上，这才会造成儿童智力和心理素质上的落伍。

中国人说的"三岁看大，七岁看老"，历经千百年的验证，非常有道理，说的就是人生在起跑线上的状态很重要。父母对于"起跑线"的认识，决定了孩子是否能赢在起跑线上。

阅读有助于提高学习成绩

学校的各门功课之间看似相互独立，其实内在都有千丝万缕的联系，在所有这些联系中，有一个共同点，那就是它们都是由语言和文字来陈述和表达，因此语言文字能力的提高，对理解掌握其他功课有很大的助推作用。

通过广泛的阅读，学生的语言文字能力得以提高，同时还会拥有丰富的知识面，逻辑思维能力和智力水平都会相应提高，这些都有助于提高学习成绩。

喜欢阅读的孩子内心更丰足，自信心更强，精神力量更加强大，这些优秀的心理品质，无论对学习还是对生活，都有正向和积极的作用。

需要说明的是，良好的学业成绩需要多种因素成全，阅读是必要条件，不是唯一条件。所以我们只能说：如果一个孩子爱阅读，他成绩优异的概率会很大，学业优势会随着功课难度增加而越来越明显；如果一个孩子不爱阅读，基本不会有好成绩，随着年龄增长，成绩上的劣势会越来越明显。就像一个人种了庄稼不一定有好收成，但不种庄稼肯定是不会有收成一样。

家长问答

孩子不阅读，我就焦虑得睡不着，怎么办?

尹老师，您好! 接触您的书有十多年了，您所有的书我都买了，也看了好多遍，得益于此，我在育儿方面似乎做得比身边的家长要好。我们从来不打骂孩子，用心陪伴孩子。两个女儿现在一个读小学四年级，一个读幼儿园大班，都还不错，姐姐性格特别好，跟同学相处融洽，很受同学欢迎，学习上也很自主自律……我们的亲子关系整体来说还不错。

我焦虑的点是孩子不自主阅读，尤其当我看到有些一年级的小孩都酷爱阅读，而我的孩子四年级了还不主动看书时，就无比的焦虑。

您书中用很多的篇章阐述了阅读的重要性，我也深刻地认识到了这一点，孩子几个月大的时候我就开始给她们读各种绘本，家里也囤了很多适合两个孩子的书……为了营造阅读气氛，我自己也每天拿起书来读……结果是：我自己真的爱上了阅读，但孩子的阅读习惯却没培养起来……

我知道我对阅读存在功利心，也知道不时地唠叨孩子、怪她不阅读，这些都不对。可是，阅读的重要性深深地刻在我心里，我控制不住啊! 我焦虑到什么程度? 半夜醒来都想着娃不爱阅读的问题，晚上偷偷剪了家里的电视线，还时不时因为焦虑又跟老公起矛盾（当然，都瞒着，不敢给娃知道）……只要娃阅读，其他事情都可以让路，作业不写可以，不去上学可以，都没关系，只要她肯阅读！我觉得我就是"中了阅读的毒"！！我给娃买书，也给娃读书，我自己也看书……可是，孩子还不自主看书，我真的很焦虑。刚刚我就直接对着孩子说："你不阅读，妈妈真的很焦虑！"——我感觉我的心在求她阅读。

这位家长，你好！

你其实对自己的问题有清晰的认识，知道自己是"中了阅读的毒"了。修行人有一个说法叫"所知障"，就是很多人难以在修行的路上突破自己，恰恰是因为他知道了某个观念或法门。但由于他过分执着于这个观念或法门，最后这反而成为局限的框框，成为修行的障碍。

日常生活中也能遇到很多这样的例子，一些人生活或事业方面走上南辕北辙的路，不是因为他无知，而是因为他知道些什么，然后执着于这些既有的知识，盲人摸象般地笃定，再也不肯去改变自己，执意"一条道走到黑"，结果离目标越来越远。这就是生活中的"所知障"。

你已经理解阅读的重要性，也学了一些我书中提供的"术"，却忽略了我书中反复强调的"无功利性"和"培养兴趣"，因此在对孩子的阅读管理上缺少平常心，执念太深、太刻意。你太想让孩子爱上阅读，直接把她吓着了，也给自己制造了很大的焦虑。

你不解决自己的焦虑，就不可能让孩子爱上阅读。所以真正需要做的功课在你自己身上。如何让孩子在愉快中阅读，而不是背负一个阅读任务，这是你需要认真思考并付诸行动的。

退一步说，一个不阅读的人生又怎么样呢？人生在世，没有什么事是非做不可的。阅读的确能带来很多好处，但千万不要觉得不阅读的人生就有多差。好比我们说吃这个东西有营养，并不是说不吃这个就一定没营养。

你说为了阅读可以同意孩子不去学校上学，似乎你与一般家长不一样，不在乎考试成绩。但观察一下你自己的底层意识，只不过是你认为经由阅读可以获得更好的前途，这和其他家长认为经由上学能获得更好的前途，不是一样的吗？

在"鸡娃"方面，你没有比别的家长弱，同样积极，只是方式不同罢了。他们直接要成绩，你拐了个弯儿，用阅读来要孩子的美好人生。你在"鸡娃"问题上仅仅是更隐蔽而已，你自己都没发现这一点。

从现在开始，你就想想，孩子不阅读最坏的结果是什么？她一辈子都不爱阅读，难道她的人生就一定不好了吗？不要用自己有限的推断来打扰孩子无限的可能吧。

我给你的建议是，彻彻底底地让孩子自己安排自己的事儿，彻彻底底地不焦虑。我猜测你可能会保留一点儿焦虑，这真的没必要。

生命中没有什么事情是必须去做的。如果某件事情该做，命运自然会安排我们去做；如果某件事情不该做，焦虑也没用，强行做反而使事情更加糟糕。你要转念，转得彻底一些，把自己的功课做好。

你如果能把不为孩子焦虑的这个功课做好，不但亲子关系会上个台阶，孩子的阅读问题也可能就此好转。最确定且最重要的是你会因此而开启自我疗愈，你慢慢会发现，当你在对待孩子的态度和方式方法上做出调整和转变的时候，其实是在调整和转变自己的一些沉寂已久的心理问题。

这就是为什么我们说"跟孩子一起成长"，这绝对不是一句空话，是非常实在的人生大收获。

阅读太多会变成书呆子吗？

你书中说阅读不仅可以让人智商高，情商也会高。但我认识一个酷爱读书的人，真可以说是"读书破万卷"，但他却书呆子气十足。最大的缺点是似乎什么都懂，博大精深，别人有任何问题，他都可以追根究底、引经据典地回答得彻彻底底。但生活中，他却像个低能儿，性格及处事总与普通人有些相异，其实是不如普通人。比如，你说错一个字，他就会马上嘲笑，而且日后会常常当作笑话提起，也不管别人是否受得了。因为他懂得多，就特别容易抓住别人不懂的地方来笑话别人，为此他得罪了很多人，人们都说他读书读得太多，人都读傻了。阅读太多真有副作用吗？如果有，怎么预防？

你提到的这个人，他读了很多书，却因别人说错一个字就没完没了地笑话别人，显得那么张狂自大，这和阅读本身没有关系，只是表明他缺少良好的社会交往能力，而这欠缺的背后，是自卑感严重，心理秩序紊乱。造成这种情况的具体原因，应该是他的童年经历。他可能是从小生活在一个备受管制、批评或嘲弄的环境中，也没遇到一个好榜样。读书多只是他的一个优势，所以他会用自己的优势来一次次嘲笑别人的不足。他对别人其实没有多少恶意，只是用这种方式反抗自己心底的自卑，找心理平衡，刷存在感。

因此，他的问题和阅读量大没有任何关系，只和他的童年、他的原生家庭及早期学校教育有关。阅读虽有心理疗愈功能，但不是灵丹妙药，不可能医治所有的创伤。可以假设，如果这个人一直很少读书，他的表现绝不会比现在更好，应该会更糟。

所幸他还喜欢阅读，有阅读相伴。阅读给了他很多知识，给了他一些精神慰藉，也给了他一些表达的机会，才使得他在一定程度上找到一些生活慰藉，找到满足感。

不要担心阅读有副作用，就像不要担心新鲜的空气有副作用一样。

学"国学"就要学繁体字吗？

我和您是同乡人，现在还在内蒙古生活，我的孩子六岁了。孩子三岁时我接触到您的书，所以一直奉行您的方法，给孩子读书，现在孩子的识字量远远超过同龄孩子。但昨天有一位从北京来的老师，给家长们讲了一节传统文化的课，强调国学的重要性，还强调说孩子读国学，一定要读繁体字版的，不能读简体字版的，还给我们推荐了繁体字版的国学书。

我很想带孩子读经典古文，孩子也感兴趣，《千字文》已背会很多，现在又开始读《大学》。但我很担心，学龄前的孩子，读繁体字版的合适吗？简体字加繁体字，这会不会让孩子觉得太混乱？我是一个文化不高的妈妈，读完您的书我很有信心培养好自己的孩子，但遇到这些具体问题还是很不知所措。知道您很忙，只求您能给个最简单的回复。

学国学是学内容，不是学文字本身。文字的外形固然包含着一定的文化内涵，但说到底也只是工具而已。儿童处于刚刚认字的阶段，认识一种文字已是不容易的事，简繁两种交替学，确实会给孩子增加很大负担，没必要。

另外，凡事都要与时俱进，对任何东西的推广和提倡都要看它是否符合时代需求，是否有实现的价值和可能。简体字在中国大陆已普及这么多年，已经成为一种非常成熟稳定的符号，而且因为笔画少，对于儿童来说书写和辨识都更容易些。

繁体字确实很美，孩子将来识字多了或长大了想学繁体字，这一点问题都没有。但把繁体字和学国学联系在一起，尤其针对儿童，则毫无意义。对于国学内容，繁体字和简体字基本上没有差别，就像切土豆，用铸铁刀和不锈钢刀基本上没有差别一样，工具造成的差异微乎其微，可以忽略不计。

认为学习经典就要读繁体字，这是一种可笑的逻辑，依这样的逻辑，如果要学习上古时期的文化，是不是就需要阅读用甲骨文写的书了？其实这位老师自己也不相信自己的这套逻辑，否则的话，他的传统文化推广之旅就不应该坐汽车、飞机或火车出行，应该坐马车或牛车——他去咱内蒙古是这样去的吗？

孩子有"阅读障碍"怎么办？

我有个女儿，八岁，三年级。女儿善良、温柔、可爱，很听话、懂事，可就是存在阅读障碍。

错别字太多，同音字、形近字总是搞混，字遗忘得特别快，害怕默写。读书时添字漏字、跳行，读不流畅；上课效率低，接受慢。对数学应用题意思不易理解，计算加减符号老看错。

在孩子阅读的时候，我一发现她有读错的地方就给她提出来，她很反感。但每次听到她读得磕磕绊绊，大量的字读错，我都忍不住给她指出来，因为字读错了，文章意思就无法理解了呀。写字也是这样，我给她指出来一大堆错误，她就很抵触，下次错别字依旧。

还有一个问题，就是孩子上小学之前，我没有教她认字，她的识字量是空白的，可以说这是我的严重失职！现在每天看到她的学习情况，连我都紧张。这样下去，孩子连小学都无法毕业啊！

尹老师，阅读障碍可以克服吗？我们做家长的应该如何帮孩子？

我能理解你的焦急心情，但不得不指出，你对阅读的功利心太强，用力过度，这导致你的孩子罹患"阅读障碍症"。

看一下你罗列的孩子的问题以及你的做法，就可以知道你在她的认字及阅读问题上犯了多少错，给她添了多少堵。仅仅一个"一发现她有读错的地方就给她提出来"，就足以败坏孩子的阅读胃口，再加上经常性的批评和不满，孩子的阅读之路怎么可能顺利平坦呢？孩子天生并没有"阅读障碍"，是你一直给她设置障碍，她不得不患个"病"来"报答"你的错误了。

首先，你要放下阅读和学习成绩挂钩的功利心，心平气和地面对孩子，不再着急上火。其次，当孩子读或写发生错误的时候，不要在意，也没必要去提醒，出错是正常的，不出错才是不正常的。当然，孩子哪天错得少了，也要表扬、肯定。只表扬，不批评，可以慢慢建立孩子的自信。第三，你需要系统学习家庭教育，这是最重要、最根本的解决办法。你的问题应该不仅仅在孩子的认字及阅读上，系统学习才能全面改善和孩子的相处质量。

只有孩子感受到你无条件的爱与接纳，她才会建立起对你的信任和亲密，才会放下对认字和阅读的恐惧，"阅读障碍"才会慢慢消失。你的孩子才上小学，你有足够的时间去弥补过失。还需要提醒你的是，孩子的转变过程可能会非常缓慢，你要有足够的心理准备。不要奢望自己一改变，孩子马上有变化，几个月就变得爱阅读。

孩子不爱学习，不爱阅读，脾气大，怎么办？

我女儿七岁了，不喜欢看书，也不爱做作业，一写作业就开始东搞西搞。如果我让她自己看书，看不到两分钟就开始大喊大叫了！以前没有经常和她一起阅读，现在意识到了，但孩子已经七岁了。不知道还能不能养成好的阅读习惯和学习习惯，请问我该怎样做呢？

你的问题已经不仅仅是一个阅读和学习的问题了，我从你的问题中感觉到你整个家庭教育问题都比较大，阅读只是一个小小的面，或者说是一个爆发点。

你的问题我没有办法给出一个具体的答复，它特别大，无法孤立解决。我想跟你说的是，作为家长你特别需要学习。你的孩子才七岁，现在改善还来得及。这个改善，不是你向专家讨要一个妙方，回去用在孩子身上，所有的问题就一下解决了——不可能有这回事的。根本的改变必须来源于家长自身，所以我给你的唯一忠告就是：你自己赶紧读书学习——你自己成长了，孩子的所有问题才能慢慢得到解决。

孩子太爱看书而影响睡眠，怎么办？

我的孩子是男孩，六岁半。他从很小就爱看书，到四岁多就能看很厚的有文字的书了。目前他正在上幼儿园大班，今年就该上小学了，问题是他放学回来就看书，看完还要画，每次看了啥都要画出来，要不就玩拼插积木、恐龙之类的玩具，还角色扮演，也爱做数学题。总之，每天回来时间总不够用，总得我们催促、提醒他该洗澡了、该睡觉了！否则得到十一二点才睡，不过，他第二天早上七点就能起来。我担心他睡眠不足，他个子中等，每天看书没完没了，没有时间概念。我们需要管他，让他有个时间管理的概念吗？

因为快要上学了，他也知道要先写完作业再玩，可我怕到时作业留得多，做完了他肯定还要看书，睡觉时间就会很晚，如果那样我肯定会跟他起冲突。盼望您的指点，打扰您了！

你的孩子痴迷阅读，首先我要祝贺你！

兴趣与爱好可以让人废寝忘食，乐在其中。所以，你的孩子并不是没有时间观念和不会管理时间。不是有句话说"每个天才都有一个疯狂的阅读期"嘛，请你不要去干涉打扰孩子，这么小的孩子做事不是靠理性和毅力，是全然的喜欢和享受，他困了自然会睡，他第二天能早起也说明他的睡眠没问题。至于身高，除了遗传因素外，还和营养、运动、光照、情绪等有关系，你似乎应该在这些方面多给予关照。不要对孩子说"睡眠少会影响长个子"，这会让孩子心理上背上包袱，也是不良暗示。每个人的生物钟都不一样，睡眠最不宜人为干涉，只要不破坏，顺其自然就好。

你还担心孩子上学后又要写作业又要阅读，睡眠会更少，以你孩子如此爱好阅读的情况看，小学期间的学业对他来说会很容易，作业也应该能轻松应对。如果作业太多，说明老师是有问题的，且已经违反了教育部有关规定，这种情况下建议有选择性地完成作业，给孩子腾出更多的阅读和睡眠时间。

目前在阅读和睡觉这两件事上，你尽量不要干预孩子，不要唠叨说教，更不能和孩子起冲突，要尊重孩子的意愿，让他按自己的节奏安排自己的生活，其意义要超出保护和鼓励阅读这件事本身。孩子不傻，他也会慢慢自行调整自己的作息时间的。

如何快速提高孩子的阅读能力？

请问有什么办法能通过阅读快速提升孩子的语言能力和逻辑性，还不显功利？五岁男孩有一些吐字不清。

你的问题文字不多，内容却让我有点触目惊心。我没有这样的办法，给不出你要的答案，想必你也没明白自己在问什么。

你想要快速提升孩子的语言能力，请问要多快？提升到什么程度？你还想要提升孩子的逻辑性，请问什么是"逻辑性"？你确认你是要一个五岁的孩子具有逻辑性吗？你还想要"不显功利"，看来你自己也对"功利"很不齿，那么就不要再提这种功利得令人牙酸的问题吧。

父母是孩子的第一任老师，在做老师前，你要完成自己的功课。希望你多读点书，踏实做人，诚实做事，这样才能成为合格的老师。

请用心陪孩子阅读，单纯享受阅读的乐趣，忘记阅读以外的任何目的。

五岁的孩子吐字不清是正常的，慢慢就好了。不必在意，不要让孩子感觉到你对他的吐字不清有些介意，不要去训练和治疗，否则只能加重孩子的状况。

尹建莉育儿观

最好的教育是培养身心和谐的孩子

每一个孩子都是一个独有的世界，他的成长，取决于和他接触的家长、教师给他营造的、直接包围着他的"教育小环境"。这个小环境的生态状况，才是真正影响孩子成长的决定性因素。家长作为和孩子接触时间最早、最长的关键人物，是"小环境"的主要营造者。

孩子和孩子是一样的，又是不一样的。家长的任务，是帮助孩子健全地发展自己。在每个人的生命成长中，没有比家长更重要的老师。

一个孩子培养得好不好，从来不单纯是动机和目标的问题，更是方式和方法的问题。教育方式决定了，父母之爱可能是一座花园，也可能是一间牢狱。

家长和家长的差别，经常不是身份、地位或文化程度的差别，而是教育理念决定的手段的差别。手段的不同，区分出你给孩子的到底是银碗、金马车还是一张良弓。

一个人没办法选择自己有什么样的父母，但可以选择自己成为什么样的父母。无论你置身于都市还是乡村，是贫穷还是富有，是高官还是平民，你都可以把最好的教育送给孩子——让孩子成为一个身心和谐的有用的人，这是每对父母都有能力送给孩子的最宝贵的财富，是生命中最美的馈赠。

时代发展到今天，什么是我们能送给孩子、可保障他们一生幸福健康的最可靠的宝物呢？从教育的角度来说，这几样东西最重要：第一件宝物是"阅读"，第二件宝物是"自由"，第三件宝物是"良好表率"。

要培养一个出色的孩子，父母必须有这样的意识和自信：父母是最好的老师，亲情是最好的营养品，餐桌是最好的课桌，家是最出色的学校。

从孩子脱离母体开始，整个成长过程就是不断地脱离：脱离乳房独自吃饭，脱离怀抱独立行走，脱离监护单独外出，脱离供养自己赚钱，脱离支配发展自我，脱离家庭组建另一个家庭——父母从第一亲密者的角色中退出，让位给孩子的伴侣和他自己的孩子，由"当事人"变成"局外人"，最后是父母走完人生旅程，彻底退出孩子的生活。

溺爱是一种控制和包办

爱带来欢乐，恨带来痛苦。宽恕和放下需要极大的勇气和毅力，一旦真的放下了，自己就真的强大起来了。

"爱"和"溺爱"表面看来有共同要素，事实上它们不是一种物质程度上的深浅，而是完全相反的两种东西。"爱"必定包含着自由，而所谓"溺爱"，则是披着爱的外衣的"过度管制"——过度管制的出发点可能是爱，但结果却是走到了爱的反面，是反"爱"的行为。在这个问题上，恶果现在有目共睹，原因却一直被错误归纳。

爱和溺爱根本不是一回事。溺爱往往是包办，本质是成年人爱自己；爱则是理解和接纳，本质是爱孩子。只要是正常的爱，给多少都不会让孩子变坏，得到爱越多的孩子，成长得越健康。

爱和溺爱是完全不同的两种东西。爱的本质是要给孩子自由、宽容、欣赏，而溺爱的本质则是管制、包办、批评。溺爱不是爱，是披着爱的外衣的占有和控制，是成人按照自己的意志去管理孩子，剥夺孩子的独立性，其背后的心理基础是恐惧和不信任。

"溺爱"不是"太多的爱"，而是"太多的打着爱的旗号的控制和包办"。"溺爱"是对"爱"这个词的滥用和亵渎，是一种伪说辞，误导了很多人。

爱是给孩子自由，培养其独立性，基础和前提是信任孩子。自由的人才能拥有独立的思想和品格，才能在生活中拥有安身立命的资本，所以父母要想培养独立自主的孩子，培养快乐幸福的孩子，就要懂得把自由和宽容还给孩子。

02

如何引导孩子阅读?

书籍就是一根魔杖。
被魔杖点中的孩子，
他是多么幸运！

——尹建莉

只要家长使用正确的教育方法，几乎所有的孩子都会喜欢上阅读，因为爱阅读是人的本能。所谓阅读培养，无非是一方面用心成全，另一方面避免无意中破坏，二者缺一不可，后者尤其重要。

阅读宜早不宜迟

绘本是最简单的故事，古诗是最精美的文字。阅读培养从这两样开始比较好。读绘本大约在孩子半岁后就可以，读古诗可以更早些，在抱着孩子睡觉或和他说话时，不时地给他读上一首或几句。不需要孩子听懂，这是一个亲子互动的行为，父母感觉到爱和美就够了。

现在市场上的绘本种类非常多，如何选择也让家长们犯难。其实选择绘本无须顾虑太多，无非是内容、配图、印刷、出版社等几个方面，只要是正规出版社出版的，一般来说，水平都差不多。实在不行就上网看看，了解一下大家对某个绘本的评价。

另外，哪本书好，也因人而异，就像衣服一样。一本书，这个孩子喜欢，另一个孩子不喜欢，那么对这个喜欢的孩子来说，这本书就是好书。大致原则就是尊重孩子的喜好，不勉强他听什么故事或读什么类型的书。但对父母来说，引导孩子喜欢听故事、看绘本非常重要。

儿童喜欢韵律感强的东西，儿歌或诗词几乎为所有的孩子所喜爱。等到孩子两岁左右，会说话了，可以引导孩子背诵一些经典古诗词。这既可以锻炼孩子的发音能力，也可以让他体会语言之美，还可以认字。

　　"两岁左右"并不是一个严格的时间，因人而异，因条件而异，早点晚点都不是问题，但不要太晚，赶早不赶晚。

　　古诗词学习是一个比较大的话题，在后面会专门列出一章进行详细说明，此处只是作为启蒙教育的重要步骤强调一下。

0～7岁是阅读的黄金期

现在的孩子，一出生就被海量信息包围，如果他童年的大部分时间是在电视机或游戏机前度过，很少接触到书籍，长大后再培养阅读习惯就会变得非常困难。

不少家长认为孩子的早期阅读可有可无，甚至有的家长认为电视、游戏里也有知识，用电视或游戏哄孩子。还有的人把"散养""自由"这些教育概念和阅读对立起来，在学龄前不让孩子接触图书，也不去认字，认为这样可以保存孩子的天真——这些糊涂认识导致错失培养良机，让孩子在上学后一方面疲于应付学业，另一方面难以建立阅读的兴趣。

在培养孩子的阅读习惯上，家长要有适当的"抢位"意识，让孩子从小和图书亲近。同时，自己作为家长也要有心理准备，在儿童早期这几年中，尽可能地多陪伴孩子，经常亲子共读。虽然家长可能辛苦和劳累，但最终的收获将远远大于付出。

0～7岁是儿童阅读启蒙教育的黄金期，到底什么时间开始，并没有统一标准。虽说宜早不宜迟，但如果因为其他原因而开始得比较晚，那也不是问题。无须过分考虑年龄，只要方法对头，让孩子喜欢上阅读，任何时候都是培养的好时机。

孩子婴儿期，不妨做个"话痨"父母

对于小婴儿来说，这个世界的一切都是新鲜的。色彩、声音、触觉、味觉等都是他认识世界的途径，其中来自父母的声音尤其重要。

不要因为小婴儿听不懂话，就不对他说话。婴儿虽然不会说话，也不会回应父母，但父母讲给他的每一句话，都会在他纯净如白纸般的意识里留下痕迹，成为滋养他生命的清泉。

只要孩子醒着，就尽量多和他在一起，不管干什么，都给孩子说一说。比如该喂奶了，就一边抱孩子一边说，"宝宝肚子饿了吧，该吃奶了，妈妈已经给宝宝准备好了，现在开始吃吧"；看见一盆花，就告诉孩子，"这是一盆花，叶子是绿色的，花是红色的，噢，这里还有一片叶子是黄色的，我们把黄叶子揪下来吧"；如此等等。不用在意孩子是不是听得懂，就当他能听得懂。

平时我们说做家长要忌唠叨——不说或少说没用的话。但面对小婴儿时，却要做个"话痨"家长，把简单的事用尽可能丰富的词语说出来。家长所说的每句话，都是小婴儿第一次听到的"金句"。尤其是来自母亲的语言，包含着爱与温暖，是奠定孩子整个生命底色的"红宝书"。

对婴儿说话时尽量用平和的口气、正规的语言。就是平时我们怎么说话就怎么说，平时怎么用词就怎么用，吃饭就是"吃饭"，看书就是"看书"，少用"吃饭饭""看书书"一类的叠词。这种叠词偶尔用用也不错，很有趣，只是不要太多。婴儿的大脑是一台"复印机"，输入了什么就只能输出什么，用正规语言的好处是，当孩子开始学说话时，他就会表达得更自然而准确。

撕书也是"阅读"体验

在孩子三个月或半岁以后，就可以让孩子开始接触图书，但这个时期因为孩子太小，还谈不上真正意义上的读，也很少有耐心去听，拿到一本书，他多半是用嘴啃或用手撕。要允许孩子撕书，对于婴儿来说，用嘴啃、用手撕都是"阅读"。

所以不要只给孩子买撕不坏的书，而是各种材质的都买些，让孩子的小手感知这些书的不同，知道有的书能撕破有的不能撕破，这本身就是一种学习。

绝不要因为孩子撕书就训斥孩子，"撕"是幼儿阅读的一个必然过程。至于撕书导致的经济损失，完全可以忽略不计，就当给孩子买了一罐"阅读奶粉"吧。

有些用心的家长会把孩子撕坏的书再粘接起来，甚至保存起来，到孩子长大了，就是一份珍贵的纪念品。哪个家长和孩子看到这样的纪念品能不会心一笑呢。

家长塑造阅读环境

从准备要孩子时，先准备好一个大大的书架吧。家里有书，孩子才有机会去阅读；父母爱阅读，孩子才能更好地受到熏陶浸染。哪怕父母不喜欢阅读，也要为孩子买一个书架，让书在未来的家庭构成中占有重要的位置，让书像玩具、食品一样成为儿童生活的必需品。

当孩子长到可以带着逛公园、逛商场时，就一定要常带他去逛书店和图书馆。书香就像空气一样，看不见摸不到，但对人有深远的影响。书店和图书馆自有它独特的气息，当父母希望孩子爱上阅读时，最好有规律地带孩子去有书的地方。

家长带孩子去书店和图书馆的同时，最好能做出表率——自己也看书。家长自己经常阅读，既给孩子做出了榜样，还能让自己成长——这对整个家庭来说，它的意义已超越阅读本身。

另外，家长最好多结交一些爱读书的朋友，或者多参加一些阅读社团，多与爱读书的人交流，每次都带着孩子去。古语说，"近朱者赤，近墨者黑"，在周围环境潜移默化的影响下，孩子自然会喜欢阅读。

边阅读边识字，获得成就感

儿童早期阅读有一个特别重要又特别现实的功能——识字。孩子识字早、识字多，一是可以尽早自主阅读，二是上学后功课不费力气。

学龄前儿童识字主要有两个途径：一是在日常生活中，比如逛街时给孩子读店铺的名字，看电视时读电视上出现的字，还有广告语、车牌号、包装盒等等。汉字、英文字母和数字，随处看到，随时都可以读出来。文字无处不在，"阅读"无处不在。二是在和孩子读绘本时，可以用手指着上面的文字读出来——边念边用手指字。时间久了，孩子就会慢慢记住很多字。

这里要注意的是，"指读"一定要自然，不要刻意。绝不要为了让孩子认字而把注意力放到指读上。目的性太强，会破坏孩子的阅读兴趣。只要出现孩子不喜欢指读的情况，就立即停下来。即使不指读，只要书看得多、字见得多了，孩子自然会认识那些字。

关于儿童识字还有很多细节问题，也会在后面单独列出一章。

顺着孩子的偏好，引导阅读

有的孩子喜欢一本书可以读很多遍，不轻易换新书；有的孩子却任何书都不想读第二次，不停地换新的；还有的孩子对于一整套书中的某一种特别喜欢，就只看这一本，不看别的；也有的孩子对某一本不喜欢，看套书时，总把这一本挑出去。这些情况都正常，都是好的，没有哪种是有问题的。

就像不同的人吃饭有口味偏好一样，不同的孩子阅读也有偏好，家长可以适当引导，但不要强求，顺着孩子就行。

有的家长也许会觉得反复讲一本书味同嚼蜡，也学不到多少知识，但只要孩子喜欢，要求家长讲，那就讲给他。

因为他如果特别中意一本书，一定是这本书中有什么东西深深地吸引着他，这个"吸引力"就可以成为他对书籍形成好感的媒介，家长可以不理解，但必须迎合孩子。同理，如果孩子一本书只看一遍，不停地要求换新书，对新的内容充满期待，那也非常好，对这个孩子来说，"新鲜感"就是吸引力。

只要书对孩子有吸引力，他就愿意与书为友，而一个视书为友的孩子，一定会爱上阅读。

阅读应该是有趣和快乐的

儿童阅读培养必须是自由的、快乐的。只有在轻松和快乐中，才能真正激发儿童内在的求知欲和好奇心，才能形成稳定而持续的兴趣。任何由于阅读而发生的冲突，都会严重破坏儿童的阅读兴趣，是阅读培养的大忌。

比如有的家长在给孩子讲故事后，要求孩子复述故事，孩子不会复述，就不高兴，弄得孩子对于听故事很有心理负担。有的家长带孩子背了古诗后，就要求孩子必须背会、记住，还不时地检查一下，如此等等，不一而足，各种折腾。

有趣、好玩，是衡量家长做得正确与否的唯一标准，阅读培养的成败在此一举。让儿童感觉到阅读是件有趣的事，除了有趣没有任何其他目的。恰是这种"没有任何其他目的"，才能让孩子持久地喜爱这项活动。如果孩子不快乐，家长要赶快反思自己的行为，尽快做出改变。

从陪读到独立阅读

亲子阅读是一个从陪伴逐渐过渡到不陪伴的过程。

陪孩子读到几岁，这因人而异，家长无须纠结该不该陪、陪到几岁的问题。

有的孩子四五岁就喜欢自己拿着书看，有的孩子十四五岁还喜欢家长给他读，这些都是正常的。

因为每个孩子的个性不同，阅读基础不同，心理需求不同，家长要做的就是配合孩子的需求，和孩子一起享受这个过程。抱着孩子或和孩子依偎在一起，共读一本书，这是多么难得的时光，会成为生命中最值得回忆的温馨画面。

但家长的时间和精力毕竟有限，而且如果孩子能早一些学会自主阅读，他自身的阅读内容、速度和阅读量都会上一个台阶。所以当孩子的识字量达到一定程度后，家长要有意识地引导孩子从亲子共读逐渐过渡到独立阅读。

这个过渡要尽可能做得不露痕迹，要自然而然地让孩子独立去阅读。比如遇到一本孩子很想读的书，家长假装忙得顾不上陪他读，让他自己先读了，然后讲给家长听，不管孩子讲得如何，只要他读了，能讲出一些，就一定要夸奖，激励孩子继续读后面的部分。

只要肯动脑筋，方法总是无穷的，而孩子其实是很容易配合的，因为自主阅读更具乐趣，它是人的天性，就像人都愿意自主走路一样。

最差的方法是家长直接对孩子提要求："你该独立阅读了。"在识字量不多的情况下，孩子缺乏阅读自信，如果家长催得太急了，会引起孩子对独立阅读的反感和对立情绪，结果适得其反。

有序引导孩子读长篇小说

当孩子的识字量达到一定程度，已经能够独立地阅读绘本和文字量中等的书籍，且家长感觉孩子的阅读水平已具备再上一个台阶的可能时，就要鼓励和引导孩子去读长篇小说。

很多孩子面对文字量较大的书时，会没有信心，认为那是大人们才能读的，迟迟不肯在阅读上跨一个台阶，一直停留在读绘本和简单文字的浅阅读阶段。这时家长要理解孩子的难处，不要直接指令孩子读长篇，可以动用一些吸引孩子的手段。比如有的孩子喜欢看热播的电视剧或电影，家长可以抓住这些时机，把原著小说买回来自己读，并且推荐给孩子读。

阅读是不难进入的过程，重要的是让孩子无所顾忌地拿起一本书去读，在孩子的早期阅读中，绝不要因任何原因给孩子的阅读添堵，比如要求孩子遇到生字查字典、背精彩词句、复述故事等等，凡孩子不愿意做的，一概不做。孩子只有在轻松的状态下，才会发现读长篇小说的乐趣。只要孩子读过一两本长篇小说，之后再读长篇小说，就会变成一件非常简单的事，会越读越多，越读越快。

要"饥饿营销"，买书"细水长流"

家长给孩子买书时，最好不要一下子买很多，即使一下买了许多本书，也最好一本一本地给孩子看，做到"细水长流"。

这样做的原因主要有两个：一是一下子把很多书堆到孩子面前，孩子会有畏难情绪和心理压力——尤其是那些经常被父母抱怨不读书的孩子。二是一本接一本地看，会引发孩子持续不断的兴趣和好奇心。如果一下子有很多书，会分散或降低孩子的阅读兴趣，甚至会引发"阅读疲劳"。

在买书方面，父母适当地给孩子制造一些"饥饿感"，更能激起孩子的阅读兴趣。

当然，这要因人而异，有的孩子就是喜欢一下子读很多书，不喜欢一本一本地拿到手。如果孩子已经表现出愿意一下子买很多本书，那么父母也不要为难孩子，可以把成套的书一次性全都买给孩子。

父母要留心观察孩子的阅读兴趣和阅读节奏，只要孩子感觉轻松愉快，就是正确的。

家长问答

讲故事需要互动吗?

您的《好妈妈胜过好老师》这本书上提到最多的是阅读,我女儿马上五周岁了,从一岁开始几乎每晚睡前都给她讲故事,她一直很喜欢。可老公经常提醒我,说我这只是"灌输",没有互动,不利于小孩学会思考。请问正确的阅读应该怎么做?

不知道你老公的"互动"指的是什么,我猜,可能是他从小在阅读中经历过的那些大人的无聊的提问吧。太多的成年人总喜欢在孩子看过一本书或一篇文章后,要孩子说出些"感想"或"看法"来。你老公这样说,一定是他忘记了自己当年被别人"互动"时的感受了。

你要提醒一下老公,他这样的要求是不对的,不要再这样说了。如果他坚持要和孩子"互动",请先让他解释什么是"互动",并让他亲自示范几次,看看孩子买不买他的账。或者问问他:"你怎么就知道孩子没有思考呢?请拿出证据来。"

我推测你老公没有阅读的习惯,只有不喜欢阅读的人才会把阅读称作"灌输",这本身就是思考能力欠缺的表现,只有不会思考的人才能想象出这样的问题。而他不爱阅读，是不是和当年有人强行要在他阅读时和他"互动"有关呢？

你做得非常好，请继续下去，孩子喜欢被"灌输"，就一直"灌输"吧！

可以用方言读故事吗？

我的宝宝现在四个月左右，在看了您的书之后，我把给宝宝"说故事"变成了"读故事"。以前，我是用潮汕话给宝宝讲故事的。可是如果"读故事"的话，我不知道是应该用"潮汕话"读还是用"普通话"读。

我建议用普通话读，毕竟图书文本都是用普通话词汇写成，用普通话读应该更适宜。但如果你感觉用潮汕话读更流畅自在，也没问题，这对孩子来说没什么差异。包括日常交流也一样，普通话和方言都可以，喜欢用哪种就用哪种，孩子都能接受，这并不影响他日后对普通话或方言的使用。

如何从绘本过渡到纯文字的书？

在书中您提到您女儿圆圆对书籍爱不释手，并在小学时就看完了金庸的全部作品。我们非常羡慕和佩服您，想问您一个问题。

孩子以前喜欢看绘本，我知道您也不赞成看漫画书，所以就让他尽量看图画少、字数多、内容多的书籍。最近我们给他买了一些不带图片的书，可结果事与愿违，孩子对那些没有图片的书一概不看，而是经常翻阅那些已经看了不知多少遍的绘本。我们做父母的很难理解。如何让孩子从读绘本过渡到读纯文字的书呢？

我从来不反对孩子看漫画书，我书中写的我女儿圆圆一直喜欢看漫画，我一直给她买漫画书，甚至她上大学了，我在她过生日时还送她全套的《哆啦A梦》，这些你怎么没看见呢？

所有儿童的阅读都要经历从"读图"到"读字"的过程，"读图"是基础，是进入"读字"阶段的垫脚石，或者说是百米赛跑的前30米，不可或缺。至于我说"读字"优于"读图"，是从阅读的最终目标上来说的，因为真正的阅读就是指读字。我反对一直"读图"，是提醒人们不要一直停留在浅阅读水平上，而不是否定所有的"读图"。孩子不能一直"读图"，就像不能一直骑小自行车一样。凡事都要随着年龄的增长而有所变化，上一个台阶。

父母希望孩子去读字，就简单地买了一堆纯文字的书，往孩子面前一放，期望他如饥似渴地去阅读。这做法太生硬，目的性太强，美好的阅读被你们做成一项"任务"，孩子内心反抗是非常自然的事。

在阅读方面，一定要放下一切想要改变孩子的目的性，尊重孩子的选择权。最重要的是父母要做出榜样，自己先开始阅读，读到好书就推荐给孩子，和孩子一起阅读并交流书中内容，这样才有可能让他减少抵触心理，对纯文字书产生兴趣。

喜欢一次读完成套的书好吗？

我的孩子非常喜欢阅读，很多书都是成套的书，每次读书都要求读一整套的，有的一套十本、八本，有的一套一二十本，而且都要一次性读完才满足，这样阅读好吗？

非常好，没有任何问题。祝贺你有这样的孩子。

陪儿子读书，我为何总犯困？

为什么我陪我儿子读故事书就会打哈欠，感觉累得不行？感觉自己不是好妈妈。

你这种情况，无非是两个原因：一是你工作比较辛苦，到了给孩子讲故事的时间比较累；二是你不会享受这个时光，潜意识中把亲子共读看成是任务，感觉厌倦。

前者我无法给出建议，只能说你不必在意，困就困吧，没什么不好意思的。稍微辛苦点，尽量满足孩子，但实在太累也不要硬撑，和孩子说明，孩子会理解的；或让爸爸给孩子讲故事。总之，想办法取得平衡。如果是第二种情况，我能够说的是，孩子长得很快，他需要你亲密陪伴的时间就那么几年，要享受和珍惜与孩子在一起的美好时光。人的生理和心态有紧密联系，心态变了，生理可能也就随之变了。

当然，如果你工作并不忙，心理上也解决不了厌倦的感觉，一讲故事就真的很困，那就对孩子说实话，告诉他你很困，不想讲太多。

可以和孩子商量，你困的时候他就听音频，现在好的音频很多。诚实和善意是解决一切问题的秘诀，无论如何不要编理由，更不要对孩子表现出不耐烦。

买书好还是借书好？

我的孩子五年级了，他比较爱看书，我们一直都很支持他，我们夫妻达成共识，觉得孩子在小学阶段要读课外书，读得越多越好。

以前都是从书店买书看，有些书买来了也并不都能看完，有的翻翻就不看了。我们也不吝啬，但如果这样下去，孩子在买书时是不是太过草率和随意？他不心疼钱，也不去认真甄别值不值得买，我觉得这样反而不利于他珍惜书，导致他不能认真读完。尹老师，我该怎么办？是不是借书孩子就珍惜了？

孩子喜欢买书、看书是值得庆幸的事。即便是爱读书的成年人，也不一定能保证买到的书都是好书，都能全部读完。这就像你买的衣服，不一定都是非常喜欢的。如果买了书，读了一部分才发现不好，扔一边，不去浪费时间是正确的。或者，有的书孩子只是目前不感兴趣，放一边，等几年，以后也许又会有兴趣了。

可以和孩子商量一下，尝试一下租书或借书。租书或借书可以促使孩子尽快把一本书看完。如果孩子对租书没有兴趣，也不要数落、说教孩子。

不要心疼买书花费的钱，就当教育投入了，更不能指责孩子乱花钱。你的孩子基本已经进入阅读爱好者的行列了，你们应该为孩子感到高兴。如果你们在经济上比较紧张，希望孩子懂得节省钱，可以每个月给他固定的买书钱，不够就预支下个月的。

如何提升孩子的表达能力？

我女儿五岁，非常喜欢听我们给她讲故事，也很喜欢自己看书，会专心看很久。不过她的语言表达方面比较差，描述性的语言很少，有时候故意对她提问，她也是回答得能简则简，要不就说"不知道怎么说"。需要怎么做才能帮她提升一下语言表达能力？

没有必要刻意提升孩子的语言表达能力，随着她阅读量的不断扩大，表达能力自然会提高。不要故意提问，不要把对话变成考核，你的这些做法都是在打击孩子的阅读兴趣和说话自信。

正常和孩子聊天说话就行了，把重点放在讨论有趣的故事上。没有挑剔就没有伤害，有了阅读自然就有表达能力。

需要读出声来吗？

我的孩子刚上一年级，她会自己看书，也喜欢看，就是默默地看。我想请教您，要不要让孩子低低地读出声来，学校语文老师就是让孩子们朗读课文的。读出来是不是记忆更深，而且对口才和表达能力有好处？

读课外书与学课文是两件不同的事情，课文可以朗读，课外书没必要。课外书就是要默默地看，读出声是不对的。出声读，既影响理解，又降低速度。

当然，如果孩子读课外书时非常喜欢某些段落，愿意把它们朗读出来，也是非常好的。这是孩子自己的兴趣，不需要你关照。

我猜测你不怎么爱读书，因此建议你今后不要在阅读上随意指点孩子。谦卑些，信任孩子，给她足够的自由和选择权就可以了，她会关照好自己的。

尹建莉育儿观

诚实和善良是成长的基石

当"同情心"或"同理心"这些东西成为一个人天性的一部分时，他就没有了自以为是，没有了居高临下，没有了敌视排斥；有了理解，有了善良，有了豁达。

善良的人，才是和世界摩擦最小的人，才容易成为幸福的人；在心态上不苛刻的孩子，长大后他的处事态度会更自如，人际关系会更和谐，会获得更多的帮助和机会。

儿童的天性都是温柔善良的，如果说一个孩子表现出冷酷和残忍，一定是他在生活中体会了太多的冷酷、无情。几乎所有的极端残忍者，都有一个精神或肉体严重受虐的童年。

人是很容易受到暗示的。如果一个孩子总被别人暗示为品行端正、善良友爱，他就会在这种氛围里渐渐生发出自我肯定的意识，他的品行就会朝着健康的方向发展；如果一个孩子总被暗示为有某个问题，他就会在这方面不断地自我否定，逐渐丧失自信，向坏的方向滑去。

智慧没有"毕业证"，却比学历证明更加能够左右我们的生活，尤其是家庭生活。智慧有高低，铺就它的台阶是真诚、善良、爱、学习，而不是名利、攀比、竞争、自以为是等这些东西。

诚实和善良是幸福生活的两大基石，除了对别人诚实善良，也要对自己诚实善良。

真实和善良是道德存在的第一条件，首先是真实，失去这条，善良也会成为伪善，道德会变成虚假道德。

真和善，是美好生命的两大基石，也是教育的两大基石。我们喜爱孩子，就是喜欢他（她）的纯洁和天真。

识别教育伪理论有一个很简单的标准，看它的理念是基于"人性本善"还是"人性本恶"，这是教育理论的立论基础，也是执行者的内在信仰。

"延迟满足法""哭声免疫法"之类的概念，它们的立论基础是人性是恶的，如果对孩子及时回应、即时满足，把自由选择的权利交给孩子，他就会得寸进尺、无法无天、腐坏堕落。所以要剥夺孩子的选择权，剥夺满足感，故意给孩子制造痛苦，令其适应痛苦，体验服从——这是一套以暴制暴、以恶对恶、负负得正的理论。

如果让我为女儿的人生厅堂里悬挂一纸座右铭，给她以一生的指引和护佑，我要写下的就是这四个字：实事求是。这四个字如此朴素，朴素得宛如空气，常常叫人淡忘，却是人生中无时无刻不能缺失的东西。人生缺少这四个字，就犹如生命缺少空气一样。所以，它比黄金更珍贵。

不踏实是生命中的硬伤，它扭曲人的思维方式，使人既无法客观地面对他人，也无法真实地面对自己。没有实事求是精神的人，即使他很精明，也往往目光短浅；即使他很努力，也总是后继乏力；即使他很自大，也暗中没有底气；即使他想要去爱，也不会好好把握。他既缺少平和与宁静，做不成一个平凡而幸福的人；也缺少个性和创造力，难以成为一个出类拔萃的人。

教育的美好境界是"有心无痕"

在教育中，自由就是空气，看不到摸不着。你可以不去关注它，甚至可以不承认它，但绝不能缺少它。没有自由就没有教育，一个人，必须首先是自由的人，才可能成为一个自觉的人。

教育的美好境界是"有心无痕"，并不是说什么也不做，什么也不说，而是要做得得体，让孩子心理上有自由感。

一个真心乐意给儿童自由的家长应该像一个"仆人"一样：精心地为主人提供餐饭，但并不规定主人吃什么、吃多少；默默地为主人擦干净浴室，并不规定主人什么时间洗澡。他为主人提供种种帮助，而不去支使和强迫主人做什么。他不去打扰主人的生活，在主人需要时，却能及时出现。

以"无痕"的教育之法，达到"有迹"的教育之效。理解这一点，有时是一张纸的厚度，有时是一座遥不见顶的山的高度。

天才不容易出现，不是天才太少，是因为天才太容易被扼杀。

爱好就是天才。可以说，一个人对某件事痴迷有多深，天才就有多高。

在每一种学习活动中，"兴趣"始终重要，呵护好了兴趣，才可能产生方法，有了兴趣和方法，才能生长出勤奋。

每个人都是带着一些自然给予的特殊密码出生的，自然给你一条鲜活的生命，一定会同时在你的生命中注入某种天赋。

在道德和安全的底线之上，几乎可以同意孩子去做一切愿意做的事情。这样不会惯坏孩子，生命受到的阻碍越少，成长越健康，才能越容易显露。

想象力不用培养，不限制就是培养。

教育中关于自由的分寸或如何放手的分歧，背后的心理基础就是信任或不信任人性的本能。如果一个人坚信"人之初，性本善"，相信每个孩子都是完美独立的个体，坚信在这个孩子的内部，早已具备了"成为他自己"的所有要素，就像一颗麦粒具备了所有成为一个麦穗的要素一样，那么他就会完全安心于去做最简单的浇水锄草工作，而不会精细安排这粒种子何时出苗，何时开花，更不用担心它会长成一株野草。

自由只有一种，剩下的都是不自由，不自由的程度有各种不同。爱也只有一种，那就是无条件地接纳和支持，有条件的爱不是真正的爱。而我们要给予孩子的，就是真正的"爱与自由"。自由这个词，和爱一样，被太多的人误解了，以至于杀死自己女友的罪犯都说，我杀她是因为"我爱她"。所以辨识清楚这两个词语的真正内涵就变得非常重要了。

03

如何让孩子爱上阅读？

持久的阅读兴趣
来源于书籍的"有趣"，
而不是有用。

——尹建莉

当下，大部分家长已经意识到阅读的重要性，这是一个很好的现象，但随之也出现了"过度重视"的问题。凡事物极必反，过度重视产生的副作用就是破坏孩子的阅读兴趣。失去兴趣，将一事无成，阅读更是如此。如何正面引导，让孩子爱上阅读，本章阐述的就是这个问题。

爱上阅读的四个关键点

培养孩子阅读，需要注意几个关键点，这是培养孩子阅读的基本原则，也是需要家长们深入领会的行为要素。

这里专门列出来，以使大家有一个提纲挈领的认识，或高屋建瓴的视角。

一、所有的孩子都喜欢玩耍和游戏，讨厌任务和规定。父母的任务就是将阅读做成前者而不是做成后者。如果父母做到了这点，孩子喜欢阅读就基本成功了一大半。

二、所有人都喜欢表扬和鼓励，厌恶批评和责备，孩子更是如此。在培养孩子阅读的过程中，父母要适时、适度地表扬、肯定孩子，增强孩子内在的成就感和自信心，杜绝批评和训斥。

三、所有孩子都具有模仿的天性。

成人的一举一动、一言一笑，都在潜移默化中深刻地影响孩子。在阅读培养中，父母的榜样作用胜过所有的说教。培养孩子阅读，从家长自己的阅读开始。

四、要培养但不要功利，要引导而不是说教。

教育是一场无言的行动，阅读是春风化雨的过程。阅读可以提高成绩，但不要指望用阅读来提高成绩；阅读可以成全人生，但不要把人生寄托给阅读；阅读有很多功能，但不要把阅读当成万能药来使用。

摆正对阅读的态度，是对阅读最好的呵护。

以上所说的这几个关键点，不但适用于阅读，也适用于孩子教育的所有方面，因为教育原理是恒定的，适用于任何孩子、任何方面。本书所述的关于阅读的所有教育方法，都建立于此基础上。

让阅读成为生活的一部分

　　阅读很重要,这个道理只要家长自己知道就行了,没必要讲给孩子。爱阅读是儿童的天性,只要把阅读正常地引入孩子的生活,孩子自然会爱上阅读。孩子只要爱上阅读,愿意拿起书来读,这就够了,他根本不需要知道阅读的功能,不需要认识阅读的重要性。

　　对于那些不爱阅读的孩子,家长更不需要讲阅读的重要性,很可能他不爱阅读,就是因为你给他讲阅读的道理太多了,或你的其他行为让他感知到你太想让他看书了,于是内心产生抵触。家长的愿望太强烈,就会转化为压力,降低孩子的兴趣。

　　孩子不可能因为听说阅读很重要就去阅读,更不可能因为受到批评就去阅读,只可能因为感觉到阅读是件有趣的事而拿起一本书。无为而为的原则,在阅读活动中尤其重要。家长宁可什么都不说,也不要去谆谆教诲。

把阅读看作玩耍和游戏

父母对孩子玩耍和游戏怀有什么心态，对阅读就应该怀有什么心态。阅读的功能虽然很强大，但家长要做的却是除阅读之外没有任何目的，切忌把阅读功利化，切忌在阅读上和孩子谈条件，向孩子提出"吃苦"要求，或施以奖惩，等等。

阅读带来的巨大益处是需要十几年乃至几十年以后才能显现和体会，而孩子们不可能因为一个远大和长久的目标去"吃苦"。同时，人的天性是避苦求乐，孩子更是如此。如果家长不注意教育方法，没有让孩子感觉到阅读就是玩耍和游戏，只把阅读这件事当任务布置给孩子，然后检查、赏罚，结果就是把阅读这件事和"苦"联系到一起，它会使孩子在想到阅读时感觉到压力和不快。

以身作则，少说大道理

父母在孩子的心目中生来就具有崇高的地位和权威，尤其在孩子幼小时更为明显，父母的一言一行都对孩子影响深远。作为父母，要珍视和牢记这一点，如果真的希望孩子爱读书，就去做好榜样和示范——自己首先拿起书读——哪怕以前不爱读书，也可以从现在开始；哪怕起初是装模作样，也会对孩子产生示范作用。

要经常买书、看书，让书籍成为家里不可缺少的组成部分。家里有书香，孩子更容易受到书香的浸染，自然会喜爱上阅读。

最差的情况是父母一本书不读，却经常要求孩子去阅读；父母不懂得该读什么书，却强行给孩子选书。在阅读上给孩子做个榜样，不仅可以成全孩子，更可以成全家长自己。

不必刻意"专心致志地慢读"

就像人的爱好各有不同一样，儿童的阅读表现也不尽相同。有的孩子阅读时会表现得非常沉迷，有的孩子则只能保持非常短的注意力，有的甚至会边玩边看书，这些情况都很正常。

所以，不要要求孩子看书"专心致志"，这种要求除了破坏孩子的阅读兴趣，没有任何其他作用。

在课外阅读上，家长和老师犯的另一个错误就是要求孩子慢慢读，一字一句地读。他们认为只有慢慢地读，书籍的内容才会吸收消化得更好。这是不对的。

慢工也许能出细活，但慢读却不一定有助于理解书中的内容。衡量一个人阅读能力的高低有三个方面：理解、记忆、速度。速度是衡量阅读能力非常重要的一个指标，速度快说明阅读能力强。

阅读必须达到一种半自动化的程度，阅读的内容才能被整体把握和吸收，才有利于理解和记忆。一字一字地读会阻碍这种半自动化状态的进程，所感知的阅读材料是零散、不完整的。

一些没有阅读功底的家长，有的要求孩子慢慢读，有的了解到阅读速度是一个非常重要的能力后，又去催促孩子快快读，比赛谁读得快，或在规定时间读完后给奖励，等等，这些做法都不可取。

想提高阅读速度，不需要人为地去做什么，只要保证孩子有足够的阅读量就可以了。儿童在这方面进步惊人，一个酷爱读书的小学生，他的阅读速度很快就会提高，且由于他们在阅读中想法单纯，急于知道后面的故事情节，所以速度常常超过那些同样酷爱读书的成年人。

　　据我的经验，一个小学生读一本20万字的小说，累计阅读时间大约只需要五个小时。这个速度并非神奇，有相当阅读量的小学生，他们的阅读速度大体相同。

丢弃"好词好句"的阅读任务

让孩子记忆"好词好句"无非是想要他写作文写得好些，但这样的要求只会打扰孩子的阅读，浪费孩子的时间，降低他的阅读兴趣，不但不能帮助孩子写出好词好句，还阻挠了他写作水平的进步。

孩子愿意拿起书去读，一定是因为对书里面的故事有强烈的好奇心，好奇心正是促使孩子一本接一本地去阅读的动力所在。书读得多了，词汇量自然丰富，优美的句子自然会创造出来，因为他已千百次地见识过丰富的词汇和美妙的句子。

写作是"创作"，必须经由大量的阅读积淀，然后才能写出属于自己的话语。靠背别人的词句来写出好作文，这几乎不可能，背诵的努力毫无意义。

有的家长喜欢在孩子读完一本书以后去问孩子各种问题，考查孩子记住多少，吸收了多少。这样的做法和要求孩子记好词好句一样，都是没有意义的。一旦孩子知道读完一本书还面临着"考核"，他就会将注意力放在应付家长的问题上，而非有趣的内容上，阅读就变成了任务和负担，孩子对阅读的兴趣就会越来越少。

阅读的功能在于熏陶、浸染，而不是"记忆"和"搬运"。只要孩子读得足够多，哪怕他忘记了所有读过的书名及内容，从书中获取的营养也不会减少分毫。

培养孩子阅读的流畅感

　　阅读要的是流畅感。很多家长在孩子阅读遇到生字时，不会痛快告诉孩子，而是要孩子自己去查字典。家长可能认为这样会加深记忆，让孩子认识更多的生字，其实这是对阅读流畅感的破坏，会影响孩子的阅读兴趣。

　　孩子在阅读时遇到的生字多，他正是在阅读中慢慢去认识更多的字。只要孩子愿意读，家长完全不用介意是不是生字太多，孩子是否读得懂，是不是把一些字读错了。只要孩子不问，就说明他可以看得懂，生字就不是问题。一旦孩子遇到一些关键字不会读，来问家长，家长就要痛痛快快地告诉孩子。如果家长也不会读，可以对孩子说"这个字我也不认识，我去查查字典"。在孩子的阅读中尽量少掺杂功利心，不"刁难"孩子，不人为地给孩子的阅读设置障碍，做得越自然、越简单越好。

家长和孩子互相推荐看过的书

家长推荐的书孩子不爱读，无非是内容不对或时间不对，一是孩子对书中内容不感兴趣，二是还不到读这本书的时候。阅读就像吃饭，只有自己最了解自己的需求，而且在不同的阶段需求也会有所变化，最了解这些变化的，还是孩子自己。

如果家长特别希望孩子读某本书，一定要自己先看看，这样和孩子谈到这本书时，就可以做到言之有物。接下来，孩子愿意读，当然是好事；不愿读，或者读了一部分，半途而废，也正常。不要因此批评孩子，要尊重孩子的选择。

家长在给孩子推荐书的同时，不妨让孩子给自己推荐几本他感兴趣的书，家长读了之后可以和孩子一起聊一聊。当阅读成为共同话题后，家长再推荐什么书，孩子可能会较为容易接受。

别给阅读这件事加码

不少家长对阅读有很多不切实际的想象，比如阅读要正襟危坐，目不转睛，前后有序，逐字逐句，持之以恒，小声朗读，画出重点……有这样想法的家长，基本上是平时不怎么读书的，因为不了解阅读并且没有切身体验，就会很随意地用各种想象来要求孩子，胡乱干涉孩子的阅读。

人和人不一样，即使面对的是同一本书，每个孩子的阅读方式也是千差万别的：有从中间看的，有从后面看的，有跳跃着看的；有一口气读完的，也有零碎地每天读一点的；有人喜欢在书桌前读，有人喜欢在床上读，有人喜欢趴在地上读，不一而足。

只要孩子愿意拿起书去读，这已经是家长最大的成功了，至于怎么读，家长完全不必干涉。

还有不少家长希望孩子多阅读，又害怕孩子眼睛近视，这个矛盾是当下许多家长的心头病。于是很多人就不厌其烦地提醒孩子注意用眼卫生，比如不能躺在床上看书，或必须在哪里看书，等等。

近视大约和用眼卫生、饮食、情绪、遗传这几个方面有关。家长能够有所作为的是前三个方面。因用眼卫生和孩子发生冲突，搞得孩子情绪不愉快，不但对孩子心理有损害，对视力也没有好处，所以一定要避免。

　　家长可以多想想办法。比如孩子喜欢在床上看书，而近视预防中所说的不要在床上看书，指的是不要躺着用手举着书看，因为那样书是不稳定的，眼睛因为看不稳定的东西而容易疲劳。既然孩子不愿意坐到书桌前看，可以建议孩子把书放到床上，自己趴在床上看，这样书是稳定的，和坐在桌边看是一样的，人感觉也非常舒服。

　　在行进的汽车或火车、飞机上看，也会因为书的晃动而影响视力，在乘坐这些交通工具时，我们可以找一些有趣的音频，让孩子听书。

　　适当的提醒有必要，但要适可而止，不要变成让孩子厌烦的唠叨和数落，更不要因此和孩子发生冲突。

不必区别对待图文书

读图是指以绘本、漫画为主的阅读活动，读字是指以文字为主要内容的阅读活动。读图是阅读的初级阶段，读字则是阅读的高级阶段。

从阅读的整体效果上来说，读字优于读图，只有孩子成功进入了读字阶段，阅读的终极目的才能实现。但这并不意味着两者是相互冲突的，这两种阅读模式完全可以在孩子的生活中长期共存，孩子无论喜欢哪个都没有问题。

通常，一个爱阅读的孩子，也会喜欢看动画片、漫画书，甚至会痴迷一些电视剧，甚至直到成年这种状况也不会发生改变。但由于他们读字的兴趣早已稳定形成，所以这些"读图"活动始终是一种消遣和放松，不会成为主流。他们知道按自己的需求分配阅读时间和阅读内容。

即使孩子一直不喜欢读字，只喜欢读图，也要尊重孩子的意愿，不能批评和否定孩子，说不定孩子以后会成为绘本大师呢。

以孩子的兴趣和爱好为核心去引导阅读，是家长和老师应遵循的唯一道路，离开了这个基本之道，一切努力都是低效或无效的。

让孩子调控功课和阅读的时间

如果放开让孩子读课外书，孩子只沉迷于阅读，影响了功课，怎么办？提出这样问题的家长不算多，但有这样担心的应该不在少数。

在设法让孩了喜欢上阅读的家长中，有相当一部分人是奔着阅读能提高学习成绩这个目的去的。因此，一旦孩子真的喜欢上了阅读，手中常拿的是课外书而不是课本，出现废寝忘食的状态，很多家长就开始不淡定了。

课外阅读对功课的负面影响只是短暂的，阶段性的。从长远来看，阅读对功课只有成全的功能，没有消解的副作用。凡从小大量进行课外阅读的孩子，他的智力状态和学习能力会更好，从这个意义上说，课外书还有"减负"功能；凡缺少阅读的孩子，学习能力一般都表现平凡，哪怕是写作业的速度也要慢得多。孩子在小学，甚至初中低年级时，仅仅依靠聪明和用功是可以取得好成绩的，但如果没有阅读功底，年级越高越会力不从心。

遇到孩子因为看课外书挤占了看课本的问题，家长根本不用着急，相信孩子自己会慢慢学会调整。实在想说，也不要批评，而要正面肯定，比如说"爱阅读的孩子功课落后只是暂时的，你这两次没考好，不用在意，下次争取考好点就行了"。家长越是这样表现出理解，孩子越能够学会合理安排时间。

鼓励孩子要说好"潜台词"

在引导孩子阅读的过程中，家长要表达对孩子的肯定和欣赏。在这里要提醒的是，要注意话语中的潜台词，潜台词即孩子听到的信息。如果潜台词说不好，家长想要表达的本意及孩子听到的意思可能会大相径庭。

比如，有的家长想激励孩子阅读，就对孩子说："爱看书的孩子才是好孩子，妈妈喜欢爱阅读的孩子。"家长的本意是想鼓励孩子去看书，但孩子听到的却是：如果我不爱看书，我就不是好孩子，妈妈就不喜欢我——这是孩子听到的潜台词，它会让孩子面对阅读时有压力，反而不利于阅读兴趣的形成。

再比如，有的家长当着自己孩子的面夸别人家的孩子，或用别的孩子对比刺激孩子："你看隔壁老张家的孩子，那是真爱看书，人家都把金庸的书看完了，你啥时候也能把这套书看完？"这种比较，潜台词就是在表达对孩子的批评和不满，让孩子产生自卑心理。

家长学会使用潜台词，这不是一个技巧问题，而是一个意识问题。当家长放弃功利心，能真正关注孩子内心的感受，真心地去欣赏和赞美孩子时，潜台词自然就会改变。

说好潜台词，就是说好教育的语言，潜台词是教育中最重要的台词。

家长问答

书里有不雅词汇怎么办?

我儿子喜欢看《黑猫警长》动画片。为了培养他的阅读兴趣,我给他买了正规少儿出版社出版的《黑猫警长》,可里面有"烦人""去死""讨厌"等这样的话,我担心孩子会模仿这样的词。对于这类词语,家长应该怎么办呢? 在给孩子读的时候,我应该跳过去不读吗?

另外,我给孩子买了一套儿童版《西游记》,里面虽没有什么小鬼、冤魂之类吓人的词,但还是有什么神仙、妖精之类的。可以给孩子读吗? 我儿子比较胆小,会给孩子心理造成影响吗?

儿童确实有模仿的天性,但"烦人""去死""讨厌"这些词算是情绪表达词,在孩子成长中难免会遇到,接触不雅词汇,也不是为了引导孩子去学习,而是让孩子懂得不同的情绪词。在孩子成长过程中,不要养成"道德洁癖",有道德洁癖就像有卫生洁癖一样,会给自己和别人带来很大的麻烦。哪怕孩子真的说了不雅词汇,做正确引导即可,不是大问题,大人在生活中也会说一些不雅词汇,但这跟败坏道德还是有一些距离的。

不要想象孩子学说几个不雅词汇就会变坏,人性天生都是向美向善的，一个人想变坏也不容易，除非生活中充满了负面引导和负面榜样。只要孩子的生活环境正常，说几句骂人的话，看些妖魔鬼怪的书，都不是问题。

当然，我建议你尽量给孩子买文字干净、内容美好的书，尽量少让孩子接触恐怖、打打杀杀的内容。实在不小心接触到了，孩子感到害怕，家长要及时用轻松的口气安慰孩子，告诉他那只是想象中的事，让他不要担心。

孩子的阅读内容太单调怎么办？

我儿子一周岁四个月，前两个月开始接触绘本，非常喜欢里面画的各种汽车。我给他买了好多绘本，但他只找有汽车的看，别的都不看。我想给他讲一讲其他故事，但一讲他就哭闹。光看有车的绘本，内容太单调，如何引导孩子看不同内容的书呢？

孩子还不到一岁半，就定性他爱看汽车书是"内容太单调"，这太过分了。

不要让孩子去迁就你，去看你买来的其他的绘本，要让绘本满足孩子的需求。孩子愿意看什么就看什么，不必担心。再说，仅仅是汽车的图书和内容，就够丰富的了，哪里来的单调？

接下来，你可以有意识地多给孩子买些和车有关的图书，仅这一个系列的知识就够浩瀚的了，一生都学不完，不存在"单调"之说。从汽车图片到汽车发展史，再到相关的人物传记、未来汽车展望，等等，无穷无尽。说不定你的孩子将来会在相关领域大有出息呢。

孩子不爱读学校规定的必读书怎么办？

我儿子五年级，他们学校布置必读书目，其中两本是《恰同学少年》和《西游记》。他和同学聊起，大部分同学都不太喜欢《西游记》，并且说读不懂。

您提出要求孩子读原著，但也让我们家长选书要从孩子的兴趣出发，这就让我很困惑，不要求他读吧，这必读书目是要考试的。今年语文考试改革，考试内容分四类：教材、口语、阅读、古诗。其中阅读考的是必读书目。要求他读吧，我又怕这样会破坏孩子阅读的兴趣。您是怎么看待此问题的？

教育部颁布的语文教学大纲规定了中学生必读的 30 多部名著，这 30 多种书都是经典之作，可以作为选择参考。但是否适合全部推荐给中学生，恐怕还需要斟酌，毕竟有些作品离当下孩子们的生活太远，而可读性又不是很强，也许这些作品只是适合孩子们长大了再读。

必读书不可能考虑顾及每个学生个体的差异，而每个孩子的阅读爱好又有所差别，读书背景、知识体系、阅读能力各不相同。所以，必读书不是必须读，孩子有不读的权利。这不是放弃学习，而是为了保护孩子的阅读兴趣。

你担心这会影响孩子的考试成绩，这是很有可能的。但你一定要记住，孩子不傻，在"必读书"和考试卷之间，他会慢慢学会权衡的，只要你给他充分的信任和选择权，他知道该怎么协调。在此提醒追求孩子成绩的家长，好成绩越追越没有，不追反而更有助于取得好成绩。

双语阅读好吗？

女儿一岁半，很爱看书。家里有双语书籍，她会指着图片问这是什么，比如"车"，如果我回答"car"，她会纠正我说是"车"，如果我坚持说"car"，她就很不高兴甚至会哭。我就犹豫现在和孩子说英文单词是不是太早了？

是太早了，一岁半的孩子才刚刚学说话，哪里懂得什么是英语什么是汉语。你这样做只能搞乱孩子的认知，让孩子困惑、自卑。请正常和孩子说话，正常用母语给孩子讲故事，不要在阅读之上附加太多的其他功能。外语，等孩子长大些再学吧。

长篇小说中有情感之类的描写，孩子可以看吗？

您的书中写到您女儿很小的时候就开始看长篇小说，我现在正在上小学的女儿也开始看长篇小说了。但我留意到很多小说不可避免地会涉及情感之类的描写，有的虽然只是一笔带过，但我觉得孩子是很敏感的，她肯定会知道这些是极不平常的事情……我担心这些东西会引起孩子早熟，或者让孩子走向歧路。我想每个孩子的情况不一样：有些小孩自控力强，理智；有些小孩有可能会发生心理上的变化，甚至去模仿。但为了这个放弃阅读又很可惜。我确实想不到合适的方法解决这个问题，请您指教！

你好，你有这样的担心很正常，但没必要。

首先，假设你有能力将所谓的"情感之类的描述"从孩子读的小说里面全部清除，或只让她读童话，不读任何其他"危险"书籍，孩子就安全了吗？电视、电影、网络、游戏，甚至同学、朋友之间，哪里都是接触源，靠"躲"显然不是办法。

其次，孩子即使从书中看到情感之类的描述，也不会影响她的道德发育，和她成年后的品行更没有关系。一个人只要心理健康，哪怕他见到坏的东西也并不会变坏，何况是一般文学作品中隐晦的表达。如若不信，请看看周围从小爱读书的人，他们的道德品质究竟如何。

第三，一个博览群书的孩子，比不爱读书的人更容易确立正确的"三观"，因为每一本图书都会是一位老师，有的还是大师，孩子的阅读过程就是聆听一大群优秀教师教诲的过程。一个从书籍中受益的孩子，自有强大的内在力量，有出色的判断力和良好的品行，任何污泥浊水都无法浸染他，有无数的例子能证明这一点。

孩子总是简单的，经常是大人想多了。

孩子为何不能独立看书？

我的女儿从一岁左右开始读各种绘本、故事书，直到现在两岁多，读书依然是她每天最爱做的事。但问题是她总是缠着大人帮她读，自己没法独自阅读，虽然不识字，但她目前的大多数书都是以图画为主，她基本自己翻几下就不看了，非要让我们给她读。我想问一下，如何引导孩子学会独立看书啊？

陪伴孩子，和孩子一起阅读，这是一件非常享受的事情，为什么在你的嘴里成了需要解决的问题？况且孩子才两岁多，这么小的孩子就要她自主阅读，你觉得你的要求正常吗？

幼小的孩子既需要阅读启蒙，也需要亲情滋养。当她拿着一本书要求和你一起看时，她要的不仅是书中的故事，更是妈妈的温暖。你现在如果生硬地拒绝孩子，不仅在阅读启蒙上会伤害孩子，更会在情感培养方面伤害孩子。孩子很快就长大了，亲子共读的时间没有多少，好好爱孩子，好好陪伴她吧。哪怕她到了十八岁还要求你给她读，那就读，有什么问题吗？何况没有孩子会要你给他读到十八岁。

阅读中孩子排斥回答问题，怎么办？

孩子小时候很喜欢阅读，中间停了一段时间后，兴趣就没有那么高了。目前孩子一年级了，还是看绘本，但只是喜欢听，每次都要家长给他读，不肯自己拿起书来看。他还特别排斥听的过程中回答家长的问题，只想一直听着！看着和他同龄的孩子已经能自主阅读整本书了，我的内心是有些急躁的。但是我深知目前还是要以培养阅读兴趣为主，想问问尹老师，怎样培养孩子学会独立阅读？

你的孩子喜欢听故事，这是不错的，和亲自读差不了多少，所以你不必强力改变，不要着急，就这样一直给孩子读吧，不要再折腾，再折腾恐怕孩子连听的兴趣都没了。

孩子特别排斥在听故事的过程中回答家长的问题，他的行为是正常的，可是你的提问是多余的。你给孩子讲故事就讲故事，为什么要在中间提问呢？如果你的问题是得体的、自然的，孩子肯定乐意回答；孩子不愿意回答的唯一原因就是你的问话就像考核，充满功利，让孩子感觉厌烦。

你的问题还表现在攀比心上。看到别的孩子可以自主阅读了，你就开始急躁。那么你有问过自己吗，比起别的家长，你做得如何？

请放下功利心，单纯地陪伴孩子阅读，他想听就听，他想看就看，忘掉一切"教育目的"，唯其如此，孩子对阅读的兴趣才能慢慢恢复。只要有兴趣，独立阅读是自然会出现的事。就像你不可能见到一个四肢健全，却永远要妈妈抱着而不肯自己走路的人，你也不可能见到一个自己识字而一直要妈妈给自己读书的人。

需要对孩子进行阅读奖励吗？

在阅读培养上我以前没有做好，孩子现在快七岁了，我希望她爱上阅读，我买了她喜欢的书，我还叫她去邻居家小姐姐那里借一些书来看。

我心里希望她快点看完，就对孩子说：你看了这本书妈妈就给你五颗星。她也为了这五颗星一放学就拿着书看，看上去很投入。不过，她看着看着就跳页了，一下子翻过去很多页。不到四天就和我说看完了，我知道她是跳页看的，根本没有全部看进去。但我没有说穿她，我只是问她是不是真的看完了。她说看完了，叫我给她五颗星，我就给了五颗星。

可最近几天就发现她的兴趣已下来，没有主动看书的意思了。我也没有叫她去看，而是自己拿了一本书在看。过不了一会儿，她说她也要看书了，我很高兴。可是当我一放下书，她也不看了。

我想问一下尹老师，我这样的奖励对吗？为什么我女儿没有主动要去看书的意思呢？

孩子七岁前你没有做好阅读引导，现在开始着急了，用奖励方式让孩子尽快走上阅读的轨道，这样的方法不可取。

从采用的"奖励"办法来判断，你自己应该就不喜欢阅读，你不知道阅读不需要奖励，因为图书本身就很有趣。要一个孩子爱上阅读，不是很难的事，就像要一个孩子去吃一个从未吃过的冰激凌并不困难一样。你的奖励只是画蛇添足，不但没起到正面作用，还暗示孩子阅读是一项任务，是作业——本来孩子是可能喜欢上阅读的，你这样做反而会消解她的兴趣。

还有，孩子阅读得快或慢，有些页是不是可以跳过去不读，这都是孩子自己在阅读中可以处理的，不应该是你关心的，她怎样做都正常，不需要控制。你若能放手不管，才是最正确的培养。

要表扬你的是，你看到孩子阅读兴趣下降，没有去唠叨孩子，而是自己拿起一本书做榜样，这一点非常好。建议你不要仅仅是做一次两次榜样，而要一直做下去。不是假装看书，而是要利用这个"做榜样"的机会真的看几本书。把注意力放到自己的阅读上，而不要放到孩子的表现上。可以肯定，一旦你发现了阅读的乐趣，孩子必然喜欢上阅读。哪怕你一直不能喜欢上阅读，只要少唠叨，不焦虑，只是内心单纯地陪孩子阅读，孩子也会喜欢上阅读。

孩子看书囫囵吞枣、一目十行，如何引导？

我孩子现在八岁，之前没有形成好的阅读习惯，近期开始重点培养他阅读。孩子的情况是看一本书没办法安静、认真、仔细地看，一目十行，囫囵吞枣。发现问题后我纠正了他，现在他看书比以前看得仔细些了，有了一点进步，但是还不能够完全看进去，我还应该怎样引导呢？

你说你发现了问题后就纠正了他，这里的问题是指"一目十行，囫囵吞枣"吗？如果是，那么大错特错，因为高质量的阅读就应该是一目十行。

当然，你的孩子"囫囵吞枣，一目十行"可能是一个问题，因为他没有良好的阅读基础，还没建立阅读兴趣，现在的阅读可能只是为了完成你安排的任务，马马虎虎地应付。即使这样，也不需要你去纠正。

从你的来信中可以感觉到，你自己对阅读其实是一头雾水，建议不必再"纠正"，尤其对阅读不要进行精细管理，买来书交给孩子自己看就行了，不要想当然地去指导孩子。孩子只要肯去看书，就已经很好，不管他是一目十行还是二十行，都可以。良好的阅读习惯必须慢慢培养，尤其是需要孩子自己慢慢形成，你指导不了，也没必要指导。如果你不知道如何做，就什么也不要做。

尹建莉育儿观

"精细管教"弊大于利

在培养孩子习惯的过程中，如果总是引发孩子的主动性，使他们获得成就感，他就会在这方面形成一个好的习惯；如果经常让孩子有不自由感和内疚感，他就会在这方面形成坏习惯。致使儿童无法养成好习惯的"最有效方法"就是：命令、唠叨和指责。

一些家长之所以经常批评教育孩子，就是因为有一个根深蒂固的错误假设，即如果自己不说，不经常提醒，孩子就不会改正缺点，就会越来越堕落。事实是，每个孩子都是有自尊心的，上进是他的天性，只要不被扭曲，就一定会正常生长。

一个被管制太多的孩子，他会逐渐从权威家长手下的"听差"，变成自身坏习惯的"奴隶"。他的坏习惯正是束缚他、让他痛苦的桎梏，不是他心里不想摆脱，是他没有能力摆脱。

"规矩"固然是社会生活的必需，人们常说"没有规矩，难成方圆"。但是，在儿童教育中，则是"规矩太多，难成方圆"。

"三不原则"：不生气，不介入，不怕吃亏，是培养儿童健康人际关系的最基本、最简单、最有效的方法。"三不原则"的核心内涵是两点：第一是给孩子做出好榜样，第二是营造豁达和善意的环境。

两者要的都是家长自身的修养。

太早给孩子立规矩的弊病非常多，造成的后果就是对孩子限制太多，使孩子大部分能量用于和家长对抗，同理心、自控力等无法充分发展。孩子本不存在不讲信用的问题，不去遵守一个被迫的承诺，这不是言而无信，犹如拒绝参加一项没意义的比赛，不能叫作缺少竞争力一样。路上没有坑，孩子就不会掉下去。

可以适当去帮助孩子，促进孩子，却没必要对孩子进行"精细管理"。如果一定要确定一个"放手"的原则，我能给出的就是：在每一件具体事务面前，不要控制，要引导；不要太有痕迹，尽量无痕；不要怀疑，要相信；不要插手，要接纳。检验的标准就是：孩子因此更自觉了，还是更依赖了；你的教育对于孩子的自由意志和主动意识，最终是削弱了还是加强了；你作为家长越来越轻松了，还是越来越脱不了手了。

当父母无视儿童作为个体的独立性，只是按自己的需要来控制孩子时，其逻辑就无法统一，经常出现互相矛盾的指令，弄得孩子晕头转向、不知所措。"延迟满足"之所以会流行，就因为它是成人欺负孩子、控制孩子冠冕堂皇的理由，毕竟孩子弱小可欺。

只有孩子内心轻松愉快了，才能激发出自觉学习的动力，成绩才能上来——我经常跟家长们说，不要在乎孩子的成绩，目的就是为了他们的孩子能有更好的成绩——这一点很多人不理解，但请你试着去理解这"悖论"里的奥秘，这不是我的发明，这是教育的智慧。

强迫孩子"集中注意力"，从长远来看，只能打乱他的心理秩序，让他心思涣散，更不能专注于一件事情上，到头来严重影响他的成绩。

从小被各种规则严重限制的人，最怕没有规则这件事。在他们的逻辑中，孩子总是不知天高地厚的，给三分颜色就开染坊，所以必须要有惩戒。这就是冷酷教育带来的恶果——天性被束缚，变成规则本身，崇尚惩戒行为，离开所谓"规则"和"惩戒"会顿时慌乱，找不到存在感，也找不到方法。

孩子不是用来征服的

尊重孩子，是大自然的法则，也是教育最基本的法则。严厉教育的目的虽然也是想给孩子打造出华美的人生宫殿，到头来却只能制造出一间精神牢笼，陷儿童于自卑、暴躁或懦弱中，给孩子造成经久不愈的内伤。说它是危险教育，一点也不为过。

优秀孩子的家长，他们一般都很民主，遇到事情总是能心平气和地和孩子探讨解决，非常讲究方式方法——最基本的态度是尊重孩子、欣赏孩子。

父母不能把孩子当自己的下人或奴隶，在人格市场上大家只有同一个价，没有高低贵贱之分，所以家长没有权利打孩子。

儿童实际上非常温顺，是带着友好出生的。如果父母在和孩子相处中善于倾听，有变通性，孩子就不会固执。不曾见识过"暴君"的儿童不会变成"暴君"，领略过优秀"仆人"品质的儿童学到的正是"仆人"身上的好品质。

一个生命对另一个生命表达关爱的方式，首先应该是尊重，而不是改造。再亲密的关系都必须建立在两者各自独立的基础上，这样才能在习惯的养成上取得进步，在生命与生命之间达成和谐。

真正的权威，是建立在相互尊重的基础上。尊重孩子，给他与自己无异的自由。当孩子从父母这里获得充分的爱，建立起充分的信任感，也就是当他遇到问题时，总能得到父母的理解和帮助，他自然会对父母表达出依恋和信赖——父母的"权威"就这样出现了。

"延迟满足教育法"与"哭声免疫法"如出一辙，都是对孩子的诉求不及时回应，是家长利用强势地位欺负孩子的一种做法，是家长不尊重孩子作为独立个体的表现。

孩子掩饰和撒谎的原因只有一个，那就是逃避大人的责怪。没有一个孩子天然愿意说谎，如果孩子在家庭生活中是真正被尊重、被爱的，他对父母有全然的信赖，有十足的安全感，他就不需要在"闯祸"后慌乱，也不需要隐瞒——没有害怕就没有谎言。

让孩子知道，每个人的尊严都不可侵犯，没有人可以欺辱另一个人，哪怕这个人是老师，是班主任，也要勇敢地捍卫自己的尊严，这样，他将来在社会上才能学会尊重别人，并且也能获得别人的尊重。

面对一个未成年人，成年人最大的文明所在，就是站在儿童的角度，努力理解他们的所想所为，以他们乐意接受的方式对他们的成长进行引导。你必须要把他们当作一个"人"来平等对待，而不是当作一个"弱小的人"来征服。

04

如何给孩子选书？

只有"有趣"，
才能让孩子实现阅读活动；
只有实现了阅读活动，
才能实现"有用"。

——尹建莉

选书的七个基本原则

这里首先提几条选书原则，既适用于成人图书的选择，也适用于童书的选择。

第一，选经典书。经典作品能流传多年而不衰，自有其道理，经典本身就是大浪淘沙后的黄金，是无数的人和长长的时间帮助我们筛选出来的结果。要区别的是：选中文经典，基本上只要出版社可信、印制精良即可；如果选国外译著，必须看译者是谁，译者的水平直接影响到经典的水平。因为翻译是二次创作，如果翻译不好，外国经典读起来甚至不如一本普通的中文书有意思。

第二，选畅销又长销的书。一本书如果再版或重印过很多次，口碑好，说明此书的内容出色，这样的书流传多年后自然会成为"经典"。经典需要时间，我们现在读的经典在当时一般都是畅销书。当代作家的作品，如果能畅销五年以上，基本都不错，值得一读。炒作的书也许可以畅销一段时间，但生命力不会长久，很难持续三年以上。

第三，选现象级图书。所谓现象级图书即出版后获得巨大成功，引发出版市场轰动效应的某些书。这样的书都是开创性的图书，可谓出类拔萃，不但自身畅销，深受读者喜欢，还会改变出版市场的某些局面，形成某种气候，其品质之优秀自不必说。

第四，选择有参考文献的书。参考文献可以反映作者的阅读水平、研究能力和其论点论据的可靠性。好书的参考文献还相当于一幅地图或一个索引，按图索骥会找到更多好书。

第五，选作者。好的作者本身就是一份优质书单，是质量保障，锁定他们，就是锁定了一批优秀的图书。除了阅读他们不断推出的新作，还可以阅读他们推荐的作品，这样既能保证阅读质量，又能提高阅读的系统性。

第六，选出版社。一般来说，大的、知名的、老牌的出版社出品的图书比较值得信赖。

最后，看感觉。一本书无论别人如何给予高度评价，如果自己或孩子看得味如嚼蜡，就说明这本书并不适合读。不适合读的原因可能是还不到读懂的时候，也可能它根本就不是一本好书。读书和做其他事一样，"真实感受"是最重要的标准。

图书和年龄不需要过分匹配

给孩子选书，大致遵循从易到难、由浅入深的原则，难度逐步递进即可，不需要过分考虑几岁的孩子该读什么书。有些童书上面标着适合的年龄段，那只是一个参考。孩了的阅读基础不一样，阅读程度差异会非常大，有的孩子小学二年级就可以读大部头世界名著，有的高中毕业还读不了长篇小说。

年龄和阅读内容没有严格的对应。一本书，只要孩子喜欢看，就不必在意他读懂了或没读懂，更不必在意书上的年龄标识。

"有趣"比"有用"优先

给孩子买书和读书，一定要到正规的书店和图书馆，不要为了便宜购买地摊或小店的廉价图书。

来路不良的图书除了印刷质量差、错别字多，有些内容也很不堪。能进入图书馆和正规书店的图书，经过了各种筛选把关，有质量保证，可放手让孩子自己去选。

如果孩子面对琳琅满目的图书不知该选哪本，家长可以根据自己的判断进行推荐。但家长推荐的时候难免会加入自己的主观色彩，所以家长在推荐图书时需要注意的是，要尽可能推荐那些自己也觉得有趣的书，而不是"有用"的书。

不优先选"有用"的书，不是说不给孩子选好书，而是在选择中要以孩子的兴趣为核心要素，不以"有用"为选择标准。

在给孩子选择阅读书目时，首先要了解孩子，然后再给出建议。不要完全用成人的眼光来挑选，更不要以"有没有用"作为价值判断，要考虑的是孩子的接受水平、兴趣所在。

即使对成人来说，持久的阅读兴趣也是来源于书籍的"有趣"而不是"有用"。

事实上"有趣"与"有用"并不对立，有趣的书往往也是有用的书。一本好小说对孩子写作的影响绝不亚于一本作文选，甚至会超过作文选。陶行知先生就曾建议把《红楼梦》当作语文教材来使用。所以，这里说"不读有用的书"是一种矫枉过正的说法，目的是强调关注"有趣"。只有"有趣"，才能让孩子实现阅读活动；只有实现了阅读活动，才能实现"有用"。

书读得尽可能杂

孩子不仅应该读得多，还应该读得杂。什么都读一读，才知道最喜欢读什么。而且知识与知识间是有联系的，世上不存在孤立的学问。从小阅读内容丰富，会帮助孩子把自己的知识体系构建得更完善。

现在各行各业的专业书籍多如牛毛，这使得人们很容易陷入实用阅读的怪圈中，把阅读功利化。比如很多人知道阅读重要，一心要读"有用"的书，只把自己的阅读定位于某一领域，书虽然没少读，思维却始终局限在一个小天地。

孤立的专业知识很难演化为学问和智慧，也难以照耀丰富多彩的生活。知识间必须有丰富的互通渠道，才容易做到融会贯通。想读懂心理学，应先读教育学；想读懂教育学，应先读哲学；想读懂哲学，应先读小说——这不是非常确定的论断，而是一种有关阅读的思维方式，适用于各专业。

不是说哪种学问比哪种学问深，也不是哪种文字比哪种文字水平高，而是精神的丰富有它必需的路径。所以父母引导孩子阅读要尽可能杂，阅读内容越丰富越好。

四类书选择的侧重

对于图书的分类，大家一般按照虚构和非虚构来区分，虚构类一般以小说类的文学作品为主，非虚构类则以科普类的社科书为主。文学作品用柔软的故事感染和治愈人，社科书则以硬核的知识来搭建认知框架。

选书的时候，要兼顾软故事和硬知识，让孩子具有广阔知识面，又能有共情力。

经典名著：建立价值观

诺贝尔文学奖获得者莫言说："我看文学作品大都是在青少年时期，到现在脱口而出的都是那时读到的东西。如果当初我没有读过世界著名的文学经典，那么我根本就不会有今天这样的成就！"

在价值观还未完全塑造好的青少年时期，经典名著对塑造孩子的人格有很大的好处。孩子通过这些不朽的文学作品去认识和感悟世界，对真善美、假恶丑的认识和理解，对人生哲理潜移默化的接受，比大人们肤浅的说教要深刻得多、有效得多。

凡 20 世纪五十年代以前的学界泰斗们，他们对自己当年的语文学习全都充满温情的回忆。他们的语文学习内容，基本上都是中华文化千百年来流传下来的经典篇章。

　　这里还要强调一下，经典名著虽好，切不可强加给孩子读。要适时引导，不留痕迹地把它们引入孩子的阅读中。

　　"如果读者对他所读的东西感不到趣味，那么所有的时间都浪费了。当一个人的思想和经验还没有达到阅读一本杰作的程度时，那本杰作只会留下不好的滋味。"（林语堂）

科普读物：接纳广阔世界

　　在小学高年级和初高中阶段，阅读科普读物非常重要。

　　现代科学发展速度惊人，日新月异，而学校又不可能把新概念、新知识及时地补充到教学大纲里去。因此，阅读科普读物能扩展孩子的视野，增强好奇心。

　　经常阅读科普读物的学生，会是一个善于观察的学生，更会对知识产生稳定的兴趣，而且阅读科普读物有助于学生对在学校所学的基础知识的理解。

　　引导孩子阅读科普读物，最好从其身边的事物做起。看电视，可以找电视机的工作原理；坐汽车，可以买一些汽车结构原理的书。总之，科技知识充斥我们的生活，家长要学会无痕地引发孩子的兴趣。

人物传记：与优秀的人同行

　　时光如滔滔逝水，世事如沧海桑田，古往今来，地球上的人多如牛毛，杰出的人总是少数，其中能够被树碑立传的更是凤毛麟角。

青少年成长需要榜样，"榜样的力量是无穷的"。那些杰出人物，无论是科学家、艺术家，还是政治家、企业家，他们坚定的意志，开创性的勇气，与众不同的思维方式以及对事业的热爱，都具有榜样作用。读他们的自传或别人替他们写的传记，就是在和这些优秀的人交流，沿着他们的生活轨迹和思想轨迹去探寻，直观地看到他们的成长，领略他们的精神内涵，承接他们的灵魂光辉。

奥地利著名人物传记作家茨威格说："读伟人的传记吧，与勇敢的心灵做伴！"

许多传记作者本身文学造诣很高，优秀的传记本身就是优秀的文学作品。如中国最早的传记文学《史记》，其中人物形象栩栩如生，脍炙人口，流传千年。司马迁既是历史学家，也是文学家。还如中国近现代四大传记：梁启超的《李鸿章传》、吴晗的《朱元璋传》、朱东润的《张居正大传》和林语堂的《苏东坡传》，前两位作者是历史学家，后两位作者是文学研究家。阅读这些传记，除了励志，还可提高文学修养，陶冶情操。

苏霍姆林斯基说："我坚定地相信，少年的自我教育是从读一本好书开始的。"人物传记尤其是这样值得一读的好书。

长篇小说：畅享阅读盛宴

有些家长给孩子买书时，只买散文精选、短篇小说集等篇幅较小、文章之间联系较少的书籍。可能是他们认为孩子小，功课紧，适合读篇幅较短的东西——这其实是家长的认知误区。孩子应该从小多读长篇小说。不要担心孩子读不懂，凡能读懂短篇就能读懂长篇，五千字的文章和五万字、五十万字的文章就需要的理解力而言，没有差别。

长篇小说有利于阅读的延续性和量的积累，因为长篇小说整本书都在讲一个大故事，哪怕是几万字到几十万字的内容，都能吸引孩子一口气读下。而短篇小说讲得再精彩，读完了也最多只有几千字到几万字。孩子们可以一鼓作气地读完一个大故事，但很少有人能一篇接一篇地连续读二十个小故事。经常读长篇小说，更容易养成孩子大量阅读的习惯。

好的短篇作品可以给孩子推荐一些，但不要成为主力和唯一，长篇作品才是阅读的大餐。

不能把中小学作文选当成日常读物

中小学生作文选和作文杂志收录的基本上是中小学生的习作，当然都还文理通顺，对于一个孩子来说，能写出那样的文字已经不容易了。但这些文章写得再好，也不过是些幼稚的习作，无论从语言、思想还是可读性上，都很不成熟。况且现在很多作文虚饰痕迹太重，既不能在语言词汇上丰富孩子们的见识，也不能在思想上引导孩子们的进步。

家长和教师有责任给孩子介绍一些好书。在阅读书目的选择上，至少要"己所不欲，勿施于人"。一本好看的小说和一本作文选摆在面前，问一下自己爱看哪个，答案就出来了。

作文选不是不可以看，孩子看看同龄人的写作，适当借鉴一下，也是可以的。但作为常规阅读材料，作文选和作文杂志没有意义。

不能以图书价格定取舍

　　因为收入不同，每个家庭的开销也大不一样。对于一些低收入家庭而言，生活需要简朴，买东西时需要考虑价格，但只有买书可以例外。图书是特殊商品，相较食品、衣服、工具等，再贵的书都是便宜的。况且图书不是消耗性商品，而是生产性商品，可以带来无法量化的无形利益，真可以说是"一本万利"，花再多的钱也值得。所以在给孩子买书时不要吝啬，再困难的人家也要尽可能满足孩子的购书需求。

　　同时，买书切不可贪图便宜。图书是价格差异最小的一种商品，体量相同的图书，价格不会有太大的出入，贵与便宜也就是几块钱，最多十几块钱的差异，不会对家庭经济造成影响。所以家长买书时可以不关注价格，只关注图书质量，一定要买内容和印制都高质量的书。任何商品都需要看价钱，唯有图书不需要。

用尊重来抵制低俗文字

如果发现孩子手里拿着内容不太好的书（包括在网络上阅读一些垃圾文字），家长往往会很焦虑，甚至会训斥打骂孩子。这是完全没必要的。那样只能增加孩子内心的抵触情绪，激发他对低俗作品产生更多兴趣。

现在资讯发达，孩子难免会接触到一些低俗的图书或文字。最好的办法是：一方面轻松面对，视而不见，不让孩子难堪；另一方面经常把好书推荐给孩子，同时要温柔地对待他，让孩子可以时时感受到父母的爱。任何一本坏书都不会把孩子带坏，它没有那个力量，而一个得到父母关爱的孩子，一个被尊重的孩子，天然具有抵制差东西的能力，哪怕他看了黄色或暴力书刊，也不会因此变坏。

不管孩子读不读家长推荐的书，只要他确认父母是爱他的，没有因为他读低俗的东西而鄙视他，他就会慢慢远离那些不健康的东西。好书是有魅力和征服力的，一旦孩子读到了好作品，他自然不会对低俗作品有长久的兴趣。

尽量不选"儿童版"或"缩写版"图书

除了童书，市场上还有很多所谓的"儿童版"图书，无非就是把一部宏大的经典名著删删减减，改编成更直白的句子，压缩成篇幅较小的图书，认为这就适合给孩子看。也有人称这类书为"缩写版"。

一部优秀的著作不仅内容出色，文字也必定精湛，根本不是一般人能够改编的。这犹如一部精美的机器，不可随意拆卸和改装，任何局部的改动都可能损害整体的完美性。世上不可能有一部由普通编辑改编过的"儿童版"会超越原著，它甚至不可能和原著水平持平，必定低于原著。不给孩子看原著，而看"儿童版"（"缩写版"），这犹如不给孩子吃新鲜的苹果，却给他吃果脯一样，营养及美味都相差甚远。

"儿童版"概念的出现一是缘于商业操作，一是缘于人们对儿童阅读能力的不信任。著名作家王安忆很早就反思"儿童文学"这个概念，她并不认为文学可以分为儿童和成人两类，认为阅读的下限是识字，而不是年龄。我完全赞同她的观点，所以从不赞成儿童读"儿童版"小说。

当然，自然科学或历史、政治等非虚构类作品除外，这里只说虚构类作品。

家长问答

孩子读《厚黑学》合适吗？

尹老师，您好！

孩子的成长不可能永远都是金色的，不能永远生活在童话中，有一本书叫作《厚黑学》，您认为小孩多大读这本书合适呢？

毕竟圆滑有时候比耿直更重要。如果在一个孩子小的时候培养他的原则性，今后如果他太有原则是不是更容易吃亏呢？

你好！

《厚黑学》不适合给孩子看。似乎你已学到该书的精髓了，认为圆滑有时候比耿直更重要。这个观念自己留着慢慢品味，不必灌输给孩子。给孩子买点好书，让孩子自己选择自己的价值观。

真实和善良是人生最大的"保护伞"，是父母送给孩子最珍贵的礼物，只是这个礼物在成人的思维里有时很难理解。

漫画书是"垃圾食品"吗？

　　我孩子九岁了。他从三四岁开始就喜欢阅读。上小学后，特别喜欢看一些搞笑的漫画书，如《阿衰笑传》《怪物大师》，我本来并不在意，觉得孩子喜欢漫画挺好的。前几天学校开家长会，不止一个老师提醒家长们，搞笑漫画属于垃圾食粮，对孩子的思维逻辑、写作和语言表达没有好处，言之凿凿，把我也搞糊涂了！真有那么玄乎和严重吗？请问尹老师怎么看这个问题，如何正确理解和解决？

　　你的孩子既喜欢常规阅读，又喜欢看漫画，这非常好。学校老师们的说法有些矫枉过正，杯弓蛇影了，他们的逻辑似乎是漫画和普通阅读二者不可兼容，非此即彼。事实是，如果一个孩子喜欢阅读，看些漫画也不影响正常的文字阅读；如果孩子不喜欢阅读，不看漫画也不会把省下的时间用于阅读。

　　我和我女儿其实一直是漫画爱好者。我女儿从小到大乃至今天，一直有漫画相伴。我自己也经常看漫画，尤其每次感觉工作紧张了，就会拿出《哆啦A梦》，这是我非常喜欢的一套书，每本都看过很多次，它们的作用犹如一杯咖啡，有益无害。

　　你在信中已表达了你的感觉，请相信自己的感觉。

我选的书为什么孩子不喜欢？

　　我女儿七岁，有听故事的习惯，会缠着我给她讲故事，但到现在看短章节的书都是我陪着她一人读一页，要她自己看的话她就索性放弃了，最多只看看图画。其实我选的书都是《红苹果》这种适合她这个年纪的，90%的字她都认识，就是她自己读的速度稍慢一点。怎么样才能让她自主阅读呢？

我一直有一个观点——选书不必看年龄。儿童阅读大致是一个由简单到复杂的过程，并不存在什么年龄读什么书这样的对应。说这个，是我感觉你对孩子的阅读应该有不少认识误区，正是这些误区导致孩子对阅读没有兴趣。

你说你选的书都是《红苹果》这种适合她这个年纪的，从你的口气中能感觉到你自信选的书没问题，你做得没问题。但书是给孩子看的，适合不适合她，不是用年龄衡量出来的。我们很难说明白什么年龄段的孩子会喜欢哪一类的书，决定孩子喜欢什么书的因素实在太多了，任何人都无法预测。所以你要做的就是让孩子自己去选书，在阅读方面少些家长意志，多关注孩子的兴趣。

家长越是有文化，越容易在孩子阅读方面介入太多，无论家长的想法多么正确，如果在介入中忽略了孩子的兴趣，比不作为还糟糕。

孩子上高中了，需要限制他读小说吗？

我的孩子16岁，男孩，现在上高中，他很喜欢阅读。自从看了您的书后，我认识到了阅读的重要性，对孩子爱阅读倍感欣慰。但他毕竟进入高中阶段了，面临高考，我担心课外阅读会影响功课，是否要适当地限制他呢？

还有，孩子也喜欢读金庸的小说，我担心里面许多打斗、舞剑弄棒的场面描写对孩子产生负面影响，不知道会不会让男孩因此崇尚暴力。

孩子都上高中了，已经比较成熟了，他完全有能力安排自己的学习和阅读。家长有不同意见可以平和地提出来，如果孩子不采纳，就算了，不用强行去管孩子。

金庸的小说不会让孩子学会打架的。相信你也看过不少充满暴力镜头的电影，难道你看完电影就去使用暴力了？打斗的描写和镜头不会使道德良好的人变得粗鲁，而那些内心充满怨恨和暴力情绪的人，即使不看电影不看书，他也是一个危险分子，随时可能制造暴力事件。所以孩子喜欢看什么就让他看吧，不用管他。

孩子能看爱情方面的故事吗？

看到您在博客里推荐的书目中有《倚天屠龙记》，我很想给孩子买一套，但是我有点担心，里面有爱情方面的故事，我的女儿今年才九岁，不知孩子能不能看？

可以看，我女儿在小学时候就看完了金庸的全部武侠小说。

爱情是美好的情感，你为什么不敢给孩子看呢？不光是《倚天屠龙记》，几乎所有的文学作品都离不开爱情这个主题，甚至很多童话作品都是在讴歌爱情。如果金庸的书孩子都不能看，那么几乎古今中外所有的小说孩子都不能看了。

我想，你之所以有这样的担心，是你潜意识中有这样一个推理吧，爱情＝性＝肮脏＝道德败坏。爱情的本质是美好而干净的，孩子的心也是干净的，是你想多了。

读字多的书还是字少的书？

我是一个孩子的爸爸，我的儿子今年四岁半，我比较早就看过您的书，所以比较重视儿子阅读能力的培养。

现在我和他妈妈有一个争执，我认为：儿子目前识字量很大，而且儿子也喜欢《神奇书屋》这样故事性强的书，所以我想继续给孩子看这类字稍多些的书。

而他妈妈坚持要给他看一些绘本，因为周围的孩子大多也在看绘本。妈妈认为孩子这么小，应该看图画比较多、字比较少的书，认为看图说话也很重要。

此前，我也给儿子买过些绘本，但感觉孩子的兴趣似乎不太大，他喜欢看字多的。儿子目前认识的字很多，记忆力特别好，也爱学习，现在自己有时也会看书。我和妻子的看法您认为谁对呢？想听听您的建议！

学龄前儿童阅读从绘本开始，然后慢慢过渡到阅读越来越多的文字书，这是阅读的正常顺序。

你孩子的阅读能力在你的培养下，超越了大多数儿童，才四岁就喜欢看词汇丰富、情节更曲折和故事性更强的书，这是好事，顺着他，依孩子的喜好，正常展开阅读层次即可，没必要刻意退回到看绘本阶段。

　　那种把年龄和阅读内容精细对应的想法是错的，如果有人告诉你几岁的孩子只能看什么内容，而不去顾及孩子的兴趣，他一定不懂阅读，也不懂儿童。你和孩子的妈妈好好讨论一下，把看什么书的选择权交给孩子，孩子想看什么就看什么，这是万无一失的办法。

尹建莉育儿观

诺言教育塑造安全感

成人在教育儿童时，之所以屡屡采取不合适的教育方法，使"教育"变成一种破坏性行为，有两个最根本的原因：一是不信任孩子，二是太相信自己。即首先不相信儿童的本能是自爱和上进，担心不及时管教，孩子就会一路下滑；其次认为自己对孩子说的话都是金玉良言，可以让孩子变得更好。

无论成人还是孩子，没有人愿意做不讲信用的人，没有人尊重不讲信用的人。当孩子被一次次地定义为一个"不守信用"的人时，他慢慢会瞧不上自己，认为自己就是个不讲信誉的人，最后可能真的出现"轻诺寡信"的情况。

我们中国人有"一诺千金"的传统，但这真的是最高价值取向吗？诺言，仅仅代表当事人当时的意愿。如果随着时境变迁，当事人改变了主意，也是正常和应该被允许的，这也体现了对他人的尊重。任何人都不可能也没有能力去控制和左右未来将发生什么事。结婚是不是一种诺言？这么大的诺言都可以改变，何况孩子的一个承诺呢？诺言应该尽量遵守，但诺言不该绑架一个人的一生。

虽然诺言不该绑架一个人，但这并不代表我们可以不珍惜信用。

人无信不立，在各种关系中，经常不守信用的人，会慢慢被人远离和唾弃。一旦我们做出承诺，就应该尽力去实现它。如果实在实现不了，也不可太勉强，不要为了一个曾经的诺言去牺牲生命中更重要的东西。所以，我们要告诉孩子，人不要轻易许诺，"轻诺必寡信"，另外，许诺要根据自身实际情况，不要为了面子盲目许诺，否则最终会落得"吹牛皮"的名声。

要想培养孩子良好的守信习惯，父母是孩子最好的榜样。身教大于言传，给孩子讲十遍守信的道理，都不如你守信地去做一件事。父母要坦诚对待孩子，再小的事，也要对孩子说实话、说真话，而且尽量说到做到，这才是较好的"诺言教育"。

不要让安全教育破坏儿童对世界的信任，成人在尽到保护责任的同时，要尽量为孩子营造一个让他们能无忧无虑地信任别人、信任生活、信任世界的气氛。如果一个人总是感觉危机四伏，他的身体可能是安全的，但他的心会有很重的不安全感，这其实也是一种损失。

功利教育丢失了美和愉悦

现代家庭教育中有一个很大的问题——父母可以为孩子付出生命，却不肯为孩子付出时间和心思。

功利教育思想几乎决定了家长或教师必然热爱简单粗暴的教育方式，认为把孩子打一顿他就乖了，不允许考 B 他就可以拿回 A 了，骂他是垃圾他就羞愧万分地变成黄金了，不好好弹钢琴给个大耳光他就可以成为贝多芬了……功利教育眼里只有"物"没有"人"；只要社会衡量标准，不在乎儿童内在的感受；只关注孩子学到了什么技巧，不关注他是否体会到了美和愉悦。

正因为我特别渴望孩子取得好成绩，我才绝不向她要分数。任何单纯要分数的行为，都是浅薄的，都是破坏性的。

教育过程不是企业生产流水线，不是严格控制每个环节，最后就能生产出一个好产品。产品没有生命，越接近统一标准越好，不需要关照它的个性；而孩子是有血有肉的，每个孩子都独一无二，有着庄严的内在秩序。

凡因为学习成绩问题而带孩子去测智商的行为都是极愚蠢的，无论结果怎样，都会给孩子带来负面影响。假如测出智商高，父母及老师就会寄予厚望，孩子就没有理由考不好，一旦不好，就会受到种种指责；假如测出智商一般或比较低，孩子就会被贴上"愚笨"的标签。当一个孩子知道自己智商并不高时，会何等自卑，怎么可能在学习上有出色的表现呢？

儿时不竞争，长大才胜出。

生活中最大的敌人不是任何具体的对手，是"虚荣"和"恐惧"。在本已险象环生的人生中，虚荣是一种自残行为。可以说，哪里有虚荣，哪里就有自我伤害。

不犯错误的童年是恐怖的。

孩子从来没有错，只有不成熟。用"犯错误"来评价孩子的某种行为，本身已是错误；以强制的方式要孩子符合成人的要求，更是错上加错。

家长一定要从内心认识到儿童成长需要"试误"。孩子从生活中汲取的经验与教训，比你口头讲一百遍道理都印象深刻。"犯错误"是孩子成长中的必修课，只有修够一定"课时"，他才能真正获得举一反三、自我反思、自我完善的能力。

一个缺少尝试、不犯错误的童年是恐怖的，它并非意味着这个孩子未来会活得更正确、更好。也许恰恰相反，由于没有童年探索的铺垫，他的认知基础反而很薄弱，在未来的生活中，不得不花费更多的力气去辨识世界、适应生活；很有可能一生都活在刻板、无趣和谨小慎微中，甚至是自暴自弃的堕落中。

培养一个完全"听话"的孩子是件可悲的事，当一个孩子事事听命于家长，处处循规蹈矩时，那不是教育成果，是生命中隐伏的久远的悲伤。

在家里，家长代表"正确"，要求孩子"听话"；到了学校，教师代表"权威"，不容许学生有任何"与众不同"。很多孩子长大后被指责为没有思想、缺少创造力，可在他们的思想成长过程中，不是一直被当作鹦鹉在调教着吗？不是一直被当作木偶在操纵着吗？他思想上的独立性从哪里去树立呢？

无论家长们多么爱自己的孩子，如果经常向孩子提出"听话"要求，并总是要求孩子服从自己，他骨子里就是个权威主义者。这样的人几乎从不怀疑自己对孩子提出要求的正确性和不容否定性，他潜意识中从未和孩子真正平等过，但在孩子眼中，他们只不过是些"不听话"的家长。

永远正确的父母，总是一群最失败的家长。其中原因，分析起来很简单。

首先，生活总有种种矛盾出现，如果父母从来没错，犯错的就只能是孩子。一个孩子经常领略自己的失败和窝囊，他就会慢慢地形成一个稳定的认知：自己不行。

其次，父母永远没有错，孩子就看不到认错的榜样。虽然他经常被要求认错，但他学到的却是"我从来没有错"，渐渐养成爱自己的想法超过爱一切的固执习惯。

　　第三，永远正确的家长总是不停地给孩子各种建议和要求，孩子没有思考的机会，尝试精神和判断力一点点萎缩，慢慢变成一个成年的幼儿，作为一根藤存在而不能作为一棵树站立。

05

如何引导孩子识字?

只要方法对,
四两拨千斤。

——尹建莉

文字是最好的启蒙工具

儿童基础识字任务不需要等到上小学再完成，可以在学龄前完成。尽早识字只有好处没有坏处，主要功能有三方面：一是有利于智力启蒙，优化孩子的智力基础；二是可以尽早进行自主阅读，建立阅读兴趣，扩展阅读量；三是减轻小学阶段的功课负担，让孩子获得学业方面的自信。

有的人或有些机构反对学龄前儿童认字，原因是认为识字是提前消耗了孩子的生命力，文字符号会禁锢孩子的思维。这样的认识非常浅薄，是把错误的认字方法和认字本身混为一谈了，而且想当然、表面化地对文字进行定性，是典型的糨糊逻辑。

这个事情很好辨析：学龄前儿童肯定要启蒙，那么和孩子说话算不算启蒙，撕一张纸算不算启蒙，读一册绘本算不算，看一张地图算不算，听一首歌算不算……如果每一种感觉和认知都是启蒙教育，为什么单单认一些字就不是启蒙呢？

知识本身没有优劣，任何对儿童来说可以接受的东西都是好的，问题在于成人如何把这些东西教给孩子。

学认字没有错，错的是太多的人一直怀着功利心用错误的方法来教孩子认字，败坏了孩子的学习胃口。文字不过是替罪羊而已。

世上任何好东西，如果我们是用错误的方式让孩子接受，结果都会导致孩子对这些东西的厌恶。比如吃是人的天性，但如果天天怀着完成任务的心理，用逼迫的方式让孩子吃饭，那么孩子厌食几乎就是必然的。这难道是饭菜或吃饭这件事本身错了吗？

所以，认字和认颜色、认水果一样，都是好的。文字作为一种最具内涵、最有效的沟通介质，是启蒙教育中最应该赠送给孩子的，事实上，它比让孩子认些简单的东西更重要，更具有启蒙的功能。

美国阅读问题专家乔治·史蒂文斯说过："教育史上危害最大的错误认识，就是阅读教育应当放到孩子六岁以后进行。"

事实是，在三至六岁之间，所有正常的幼儿不需要任何努力，也不需要专门的帮助，就能完成对符号系统的掌握。一些教育理论家认为孩子只能用手指画画和玩音乐游戏，这是由于他们未能理解幼儿发育的智力需求，未能意识到幼儿具有寻求知识的动力和能力。

关于儿童教育的错误言论实在太多，这实在是考验家长们的判断力，需要家长们明辨是非。

避开儿童识字的坑

教学龄前儿童识字的方法恰恰是"不教"。即识字活动不是作为一种独立事件存在，不采用读、写、背的方式让孩子有意识地记住；而是作为附加的内容糅合到生活中，只把文字当工具或玩具，让孩子在日常生活和玩耍中经常接触，不知不觉地记住，在不经意间识字。

下面是一些具体方法。

在生活环境中认字

文字在生活中无处不在，学习可以随时进行。不管孩子多小，只要文字出现了，随意地给孩子念一念，读一读，让孩子与这些文字经常"打个照面"，久而久之，孩子与文字就"混熟"了。

引导孩子去认字，和引导他认人、认物没有什么本质区别，对孩子来说都不难，见得多，自然就记住了。关键是家长要做得"无痕"，目的性不要太强，要注意场合，不要一看见文字，就不管不顾地拉着孩子去认。比如在街上，当孩子正对某辆汽车感兴趣，好奇地盯着看时，家长却无视孩子当时的注意点，一把拉过孩子："这里有几个字，我告诉你怎么读。"这就把认字这件事做得太刻意了。更坏的是还要考孩子："上次教你认过这个字，你记住没？"最坏的是批评孩子："你怎么这么笨啊，这几个字每次路过时我都读给你，怎么还是记不住？"如果这样，就已经变成了"教"，成了有意识地学习，害处不亚于把幼小的孩子关在教室里认字。

除了不要拿文字为难孩子，在孩子兴奋地读出一些字时，家长一定要给予肯定和表扬，但语气不要太夸张，平和地表达你的喜悦就行。如果孩子念错了，并为此表现出羞愧，你就轻松愉快地对孩子说："这个字好多人都会读错，妈妈小时候也是经常把这个字读错呢，记了好久才记住。"

在"指读"中识字

阅读是密集地和文字"打交道"的过程，是儿童识字的主要途径。亲子共读时，家长可以一边读一边用手指着字，或抓着孩子的小手指着字，让孩子慢慢建立文字、发音和内容之间的联系，认识文字并理解文字。这个方法可以简称为"指读"。

人们在"指读"上常犯的错误是刻板模仿，注意力聚焦在手指和文字上，而不是故事情节上，僵硬地用手指指着一个个的字，要孩子跟着看字，以至于影响了孩子对故事本身的关注，阅读速度和阅读快乐受到严重影响。

"指月之手"的关键词是月亮，不是手。"指读"的关键是书中的内容，不是手指头和点击到的文字。早期阅读会促进早期识字，但早期阅读绝不是为了识字。如果孩子的兴趣不在文字上，或觉得手指放在书上碍事，不愿意指读，那也不是问题，马上放弃，采用家长和孩子感觉最舒服、自然的方式即可。

不要刻意提醒孩子去看字，更不要要求孩子专心听，在亲子共读中，家长要抛弃所有"学习"目的，绝不能制造任何不愉快。

通过阅读识字，不仅对幼儿来说是好办法，对小学生来说也是最佳办法。但一定要记住，内容为王，阅读可以促进识字，却绝不是为了识字，识字属于"放羊拾柴火——捎带"。

少用识字卡，如果用，也只当玩具来用

识字卡本身没有错，错的是人们的使用方法。如果把卡片当简单的玩具，不时地和孩子玩玩识字游戏，孩子也乐意玩，这是很好的。但如果卡片的存在就是为了识字，则没有必要。卡片识字是孤立识字，每个字之间没有联系，文字与文字间没有内容，孩子只能机械记忆单个的字音、字义和字形。这种识记方法需要儿童付出很大的努力，收获却非常少，缺少趣味性，会败坏孩子的学习兴趣。

工具总是中性的。任何学习，形式不重要，关键是兴趣。

不追求识字多和快

教孩子识字切不可急躁和功利，不要和同龄孩子比较，也不要批评孩子，否则会给孩子造成紧张和压力，让孩子反感认字，或变得笨拙。

幼儿期多识或少识几十个字、几百个字，除了影响一部分家长的面子，对孩子的未来没有任何影响，也完全说明不了孩子的智商天赋。

识字如走路，早点晚点都不是问题。同时，家长也要戒断虚荣，即使自己的孩子早慧，也不要炫耀孩子的识字量和阅读量。家长踏踏实实做人，孩子才能踏踏实实成长。

识破早教的商业套路

需不需要在幼儿园或早教机构学习识字？这个问题要看具体情况。

如果幼儿园和早教机构有一套很有趣的教学模式，让孩子在轻松和快乐中学习识字、阅读——孩子学得既轻松又愉快。那么他们的识字活动就是值得肯定的。

否则，假如他们把"学前教育"办成了"前小学教育"，孩子规规矩矩上课、写作业，甚至还要考试，这就是错误的。这种拔苗助长的识字方式只会败坏孩子的学习兴趣，让孩子早早地开始厌恶学习，厌学情绪将会给孩子的人生成长之路造成巨大的阻碍和破坏，这会使孩子还未起跑就已经输在了"起跑线"上。

当下"幼儿园小学化"现象十分严重，名目繁多的课外班又紧盯着家长的钱包。孩子在不快乐的状态下去认字，虽然也能认识很多，但这是用一个非常微小的眼前的成就来预支孩子未来的学习兴趣。

不顾儿童的年龄特点和心理需求，强行要求儿童"学习"，只不过是商业阴谋或愚蠢的跟风，它扼杀孩子与生俱来的好奇心和求知欲，将孩子"逼迫"得厌学，把有趣的知识变成沉重的"包袱"。

杀鸡取卵的做法荣耀了家长的面子，充盈了一些机构的钱包，却把孩子长久地抛入了学习困惑之中。

从少到多，度过识字关

就识字这一问题，我分享一下女儿圆圆的故事，和大家讲讲如何引导孩子识字。

圆圆并不是那种两三岁就能认识几千字的"神童"，我也从没刻意教过她认字，没给她做过一张识字卡。但就在她过完六周岁生日，离上小学还有半年多的时间里，她给了我们一个惊喜——突然间认识了那么多字！

她不再缠磨着要我给她讲故事，小小的人，居然自己拿本书像模像样地看起来，读得津津有味。我拿一本新到的《米老鼠》杂志让她读给我听，她真的连猜带蒙地读了下来。我真诚地表扬了女儿，夸她读得好。

第一次体会到识字带来的阅读乐趣，她独自看书的兴趣越来越浓。通过阅读，又认识了不少新字，这样一种良性循环，使圆圆的识字量陡增。以至几个月后，到她上了小学一年级，阅读语文课本对她来说已是小菜一碟。

记得她第一天做小学生，从学校背回一书包课本。回到家，把新书一本本掏出来放到餐桌上，满脸兴奋之色。爸爸找来一本旧挂历给她一本本地包书皮，她就坐在爸爸旁边，兴趣盎然地把语文书从头到尾读了一遍。听着她朗朗的读书声，我很欣慰地知道，小学生要面对的"识字关",女儿已在不知不觉中轻松迈过。

圆圆在刚入小学时就能达到一个三年级孩子的识字量及阅读水平,这看起来像个小小的"奇迹",让老师感叹,也让我惊喜。但我心里非常清楚,圆圆是个极为平常的孩子,她在很短的时间里突然认识那么多字,实际上是个非常简单且自然的过程,是一个量变到质变的必然。这个现象的发生,最终还是得益于教育,是家长有意无意间施行的一种正确教育方法收获的成果。

我想在这里把我的做法谈一谈,目的是让更多的孩子像圆圆一样,轻松识字,早识字。这不仅对于学前或小学识字阶段的孩子有意义,也可能对他一生的学习都产生深远的影响。

实际上,我的做法谈起来非常简单,就是从我第一次拿起一本书给她讲故事时,就不"讲",而是"读"。即不把故事内容转化成口语或"儿语",完全按书上文字,一字字给她读。

我想,对于白纸一样纯洁的孩子来说,任何词汇于他都是全新的。我们认为"通俗"的或"不通俗"的,于他来说其实都一样。"大灰狼悠闲地散步"和"大灰狼慢慢地走路",在刚学说话的孩子听来,并不觉得理解哪个更难。我们最初灌输给他什么,他就接受了什么。有的家长给孩子讲故事时,怕孩子听不懂,把书面语转化成通俗的口语,这其实没必要。正如一个从小讲汉语的人面对英语时会为难,而一个从小听英语的孩子却从不觉得听英语是件困难的事一样。所以千万不要担心,孩子天性中对任何事情都充满好奇,给他"读"或给他"讲",对他来说同样有吸引力。

我给圆圆讲故事始于她一周岁前,不知最初给圆圆读书时她听懂没有,但我每次给她读书时,她都听得如醉如痴,明亮的双眸里充满愉悦的光泽。我给她买的书被我们一遍遍地读着，每次我都一字字指着读，到圆圆开始说话，就跟着咿咿呀呀地鹦鹉学舌，越来越能把妈妈给讲的故事一句句地背出来，还经常自己装模作样地读书。

清楚地记得在圆圆一岁八个月时，爸爸的同事来串门，圆圆站在叔叔身边给自己讲故事，很投入地读着《丑小鸭》。她用小手指着书上的字，一字字读道："小鸭孤零零的，无精打采地走到河边……"她一页页地翻着，"读"得基本上一字不差。叔叔见状大为惊奇，以为她识字。我笑说："哪里，她把我给她读的内容都背会了。"她当时肯定没有文字的概念，估计她当时并不知道嘴里的念念有词和手指所指有什么关系，只是在机械地模仿妈妈讲故事时的声音和动作。

就这样，我一直以"读"的方式给圆圆讲故事，并注意声情并茂。随着她慢慢长大，我发现以"读"代"讲"丝毫不影响她的理解，还丰富了她的语言词汇。她在说话间总是能找到恰当的词语来表达，很少有小孩子那种想要表达却不知如何说，或者词不达意的困难。

而且，在这个过程中，她开始认识一些字了，这使我确信了"读书"的好处。于是又进一步，从由我指着一个字一个字地读，改成由她指着我来读。她指到哪，我读到哪。逐渐地，圆圆理解了文字的作用，把故事与文字联系到了一起。文字在她的眼睛里一点也不空洞枯燥，文字是有内容的，文字就是故事，是有趣而生动的。

同时，当我们带她到公共场所时，总是不失时机地指给她一些文字看，比如在火车站我给她读"禁止吸烟"，告诉她这里人很多，空气不好，这个牌子告诉大家不要在这里吸烟；逛动物园时一起读指示路牌，然后我们就找到了想要看的动物；进了百货商场，先一起看购物导示牌，顺利地直奔我们要去的楼层。

天长日久，圆圆养成一种习惯，看到字就想读出来。每次我带她乘公共汽车时，她都会一路不停地读着马路两旁看到的店铺名和广告牌，不认识的字就问我，我也总是兴致勃勃地和她一起读那些招牌，读到一些有趣的店名，我们还会一起谈论一下。

没统计过圆圆在什么时候认识了多少字，凭印象，她在五岁以前认识的字都是零零散散的，不会自己看书，总是由我来给她讲。五岁后，在很短的时间内——也许是某个偶然因素促成，比如说她要妈妈给讲故事，而妈妈说没时间，你先自己看吧，于是她开始自己看书了。对书中内容的强烈好奇，使她顾不上对文字的生疏，囫囵吞枣看个大概，好奇心得到了满足。我及时夸奖她识了那么多字，会自己看书，再把她不认识的字给她读一读，这个故事就被她吸收了——她从完全个人的阅读中获得了极大的乐趣，自此有点一发不可收的势头，书越读越多，字也越认越多。

圆圆到小学二年级后，阅读能力就相当于中学生的水平。当班里绝大多数同学还在把主要精力用于学习生字的时候，她已开始一本接一本地读长篇小说了。当然她也常常读错别字，以至于我们戏称她为"白字大王"。我提醒她遇到不认识的字就问爸爸妈妈，她因为急于读故事，不影响理解的字一般都不问我们，我们也不在意，随她的便。事实上，读得多了，许多"白字"自然就解决了。

到圆圆十周岁小学毕业时，她已读完了金庸全部的武侠小说，十四部，共三四十本，郑渊洁系列童话故事数本，此外还有外国名著《简·爱》《鲁滨逊漂流记》及中国古典名著《红楼梦》等，其他零散的儿童文学书籍和各类报刊则不计其数。

由于圆圆读的书多，理解力好，所以其他各门功课也都很优秀，学习上始终很轻松。她读完二年级，直接读四年级，仍然是班里成绩最优秀的学生之一。她在班里岁数最小，但她做事的成熟度及认识问题的水平，却仿佛比实际年龄大几岁。

圆圆上小学四年级时，我给她买了一本繁体字竖排的儿童版《中国通史》，十六开本，约一寸厚。我们经常抽时间一起读，因为繁体字她不认识，开始时还是我一字字指着给她读。这本书读到有一半时，繁体字于她基本上就不再是问题，后半部分她就自己读了。她现在看一些港台及海外出版的汉语资料，觉得很方便。

有人提议要让孩子学习繁体字，这个想法很好，但我忧虑的是，如果这个想法被贯彻到学校教学中，让孩子们用现行的常规识字方法学繁体字，小学生真的要被累死了。

现在小学生繁重的学业负担，除了由太多"课外班"带来，更主要的，是不正确的教学方法所带来的。孩子们学生字的途径基本上限于课文，每个生字动辄写十遍二十遍，孤立地去认去写，这使孩子们付出了非常艰辛的劳动，却只得到很少的成就。写简化字尚且把孩子愁得要命，写繁体字……孩子们要知道了，肯定反对这个建议。

繁体字不是不可以学，最重要的是怎样轻松地学。

在对圆圆的教育中，我深深地体会到，把学习生字融汇在日常生活中，建立在大量的阅读基础上，是非常有效的教育方法。不仅孩子学起来轻松，大人实际上也轻松，事半功倍。

每当我看到有的家长扬扬得意地宣称他尚处于学龄前的孩子认了多少字或多少英语单词，而他的方法就是制作一大堆卡片或把英语单词贴得满家都是，我总是有些担心，这样行吗？

现在还有许多"早教机构"，他们所谓的"早教"其实就是让孩子认识一些字或字母和单词。学习的过程可能弄些花样，有的是扮演"字母角色"，有的是一起大声喊出某个音节，实质也是孤立地学字词。我怀疑，这样的课程，对孩子们有意义吗？

美国著名心理学家奥苏贝尔（D. P. Ausubel）在教育心理学中最重要的一个贡献是提出"有意义学习"，这是一个和"机械学习"相对立的概念。他的重要论断是：有意义学习才是有价值的。依据他的理论，无意义音节和配对形容词只能机械学习，因为这样的材料不可能与人的认知结构中的任何已有观念建立实质性联系，这样的学习完全是机械学习，所以是低效学习。

前几天又从报纸上看到一个消息，说一个四岁的孩子能认得两千个汉字。原来是他的爷爷把字词贴满了家，每天让孩子认。学外语的人都知道，如果孤立地背单词，忘得很快，但如果把单词放到语境中学习，效果就非常好。所以孩子如果认了好多字，却不会专注地读一本书的话，那是很不妙的一件事。把识字和阅读割开了，可能早早地破坏孩子识字的兴趣和自信心。

学习中如果再加上炫耀，那是最坏的，恐怕只是在制造一个漂亮的肥皂泡吧。

卢梭说："人们在煞费苦心地寻找教读书写字的最好办法，有些人发明了单字拼读卡和字卡，有些人把一个孩子的房间变成了印刷厂。真是可怜！"

和谐合理的方法往往是美的，也是有效的；坏方法则把原本简单的事变得复杂、低效。我们在儿童教育中，要特别注意寻找好方法，不要想当然地用坏方法去教孩子。

（本文节选自《好妈妈胜过好老师》）

识字不必闯过拼音关

中国古代一直没有拼音，对于个别生僻字，古人采用直音或反切的方法来注音，这两种方法在此不做解释，有兴趣的读者可以自己查资料。没有拼音，并不影响中华语言文字传承，几千年来，人才辈出。

到了近代，清末及民国时期，东西方文化交流增多，才第一次出现汉语注音字母，这种注音字母还不是现在的拉丁字母，是一些像日文一样缺胳膊少腿的汉字符号，在民间也不普及。它当时的出现，可能更多的功能是帮助老外学汉语，而不是为了让中国小孩认字。

我们现在通用的"拼音"，是新中国成立后才出现的，距今不过七十多年。它确实为汉字的普及和学习提供了一些方便，但再方便也是工具的工具，对一个汉语为母语的学习者来说用处寥寥。把拼音当作需要"牢固掌握的基础"，这真是拿鸡毛当令箭了。

我国地域辽阔，方言众多，讲方言的人占绝大多数。拼音对矫正发音确实有用，但不学拼音也不影响汉语言的学习，毕竟除了播音主持，人们说话并不是必须字正腔圆。而且现在普通话十分普及，大多数年轻人即使不学拼音，发音也越来越标准。所以拼音学得好是一种优势，没学好也算不上劣势，因为它实在没那么重要。

拼音是识字的工具而已

多年来，人们已经形成了一种思维定势，认为儿童在学汉字前要先学习拼音，这就是为什么小学一年级学生入学后必然会学"啊喔鹅咿呜鱼"。现在人们一着急，幼儿园也开始学了——但这仅仅是一种习惯而已，从学习的角度来说，这么早学拼音完全没必要，而且是一种错误。

拼音不是语文学科的基础，它只是一种辅助学习的工具，拼音存在的价值是对付生僻字，不是为了学习常用字。

即使今天人们使用电脑和手机打字，要经常用到拼音，拼音的使用比以往任何时候都普及，也不需要太早去学。拼音是极简单的一种东西，只需要很少的课时即可掌握，根本不需要学一两年，更无须从幼儿园开始学习。

拼音的正常学习时间应该放在基础识字任务完成之后，即儿童至少认识2000个汉字后，或小学四年级以后，甚至到初中再学也不迟。

拼音学得再好，只对阶段性的小学语文成绩有些帮助，对最终的写作能力及其他功课毫无作用。

敲黑板强调：不是说没必要学习拼音和加减法，只是说没必要从小学低年级就学，更没必要从幼儿园开始学。拼音不是给低龄儿童准备的，是给有一定识字量的大孩子或成年人准备的。

识字和阅读并行更合理

把拼音放到低幼儿童中进行教学，违反了认知规律。这种设计的浅薄之处恰恰在于只看见拼音非常简单，不去考虑它是知识链中最低端的部分，且是抽象符号，儿童在生活中也很少有运用的需求，根本不适宜给低年级小学生学习。搬砖比设计楼房简单，难道建筑师都要先到工地搬几年砖？

无论从认知心理学还是从经验上我们都知道，儿童学习需要的是形象、有趣、整体感知。所以儿童学习汉字的途径应该是一边识字一边阅读，识字和阅读并行。这就是为什么很多孩子似乎没经历过识字过程，很快就会阅读了。并非他们是神童，只是因为有某种阅读条件，他直接去读了，生字在不知不觉中就学会了——这样的识字方法激活了孩子的智力，几乎不耗费儿童的能量，是真正的打基础。

而先学拼音后学字词的做法，一上来就把十分稚嫩的孩子拉到枯燥而抽象的字母和生字上来，他们花费了许多时间，只学到了很少的东西，为此付出了痛苦的努力，体会不到学习的快乐。为什么这么多年人们认为上学是苦的，尤其是一入小学就开始厌学，这和一代又一代人从进入小学大门那一天就体味着各种痛苦有直接的关系，而当下的拼音教育，简直就是小学生一进校门就遇到的下马威。

这种"邯郸学步"式的课程设计之所以延续多年，实在是人性及国民性某些不良素质传承的后果。小学生，尤其低年级小学生尚处于身心都稚嫩的阶段，反复的、大量的拼音练习既让教师和儿童都陷入忙乱中，又在学习上为难儿童，对于儿童的认知发展、智力发育及学习兴趣的保护，只怕是成事不足败事有余。

识字顺序的逻辑缺陷

半个世纪以来，我国的语文教学大致采用了"拼音—生字—词语—句子—作文"的顺序，这种设置貌似合理，却不合逻辑。

它应该是被倒推出来的：会读文章就得先认字，想认字就得学拼音，所以拼音应该放在最前面学——这个逻辑十分浅薄，就像是有人想学做菜，而做菜的顺序是先切菜切肉，切菜切肉的刀偶尔不够锋利，那就需要一小块磨刀石备着。于是磨刀成为学厨艺的第一关，先备磨刀石，研究磨刀石，通过磨刀的考试……时间长了，磨刀就变成了学做饭的"基础"，磨刀这件事被夸张得无比重要，弄得无比复杂，对初学者反复考核，有一点动作不标准就不行……黄金般的学习时光在枯燥的重复中被浪费，变态的要求和考核让学习这件事变得恶心——这就是当下初入校门（包括幼儿园）的孩子要面对的事实。

一个错误的逻辑推断导致的不合理的教学设计，被沿用了几十年，仿佛一个偶尔有用的小童被供奉成进入山门的大师。虽然这些年关于教育的宏论浩如烟海，教育专家多如牛毛，但拼音在语文教育中的错误位置却从未得到修改，近几年更有被夸张教学的现象。

儿童期是无比珍贵的学习黄金期，真正的一寸光阴一寸金。在这么有吸收力的阶段，用一些营养价值极低的东西大量浪费儿童的时间，消耗儿童的能量，打击他们的自信，消解他们的学习兴趣，不但谈不上教育，更可以说是反教育的恶行。

如何面对当下的拼音教学？

低龄儿童学习拼音，还要被考核，这是个错误，但目前尚未看到力度足够的官方改革时间表。即使家长们明白拼音不重要，知道拼音学得好坏与最终的语文水平没有关系，但毕竟孩子是在这样一个考试评价系统中，必须要面对作业和考试，而成绩的优劣又会影响孩子的自信心。所以，哪怕仅仅为了保护孩子的自信、保护他的学习兴趣，也需要把拼音尽量学好了。

我的建议有三条。

第一，了解拼音的实质，知道拼音不是语文学习的基础，确定拼音不重要的观念。有了这个观念，心态摆正，就会少折腾孩子。孩子拼音学得好，家长可以表现出高兴，学不好也无所谓。凡事认识到位了，管理自然到位。

第二，在孩子面前，家长既不要强调拼音重要，也不去说它不重要，更不要抱怨拼音学习。儿童对学业的兴趣很受家长看法的影响，在现有情况下，家长不管心里怎么想，在孩子面前对拼音持一种没有倾向的态度即可。也可以通过给孩子讲讲拼音的历史及用途，以此来说明拼音只是个简单的工具，缓解孩子对拼音的畏难情绪。

第三，想办法寓教于乐。比如家长当小学生，让孩子每天把在学校学的拼音给家长讲一遍，家长还可以弄个一模一样的作业本，和孩子一起写作业，互相批改。我就曾对上小学的女儿说，妈妈小时候没学过拼音，你每天学了什么，回来教妈妈吧。这让女儿感觉很有兴趣，在她回来教我时，我就认认真真地学，这让孩子很有成就感，同时自己也无意识地复习了一次。

家长不管对拼音如何想，都可以在生活中尽量去帮助孩子，降低他们的学习焦虑感，减少他们的能量损耗。比如发现一些像拼音字母的物件，可以跟孩子说，这个像"m"，那个像"y"，等等，并让孩子找这些东西。同时，凡在大街上或包装袋上看到的拼音字母，都顺口读一下，这样有助于孩子识记这些抽象符号。

还有，不要在孩子书写上纠结，不必要求孩子写得很好看，一定不要让孩子感觉厌烦和费力，不重要的事对付过去就可以了。

家长问答

该不该坚持指读？

我在给孩子讲故事时，用指读的方法，但这会影响速度，阅读也不流畅了，孩子也不喜欢，怎么办？是继续坚持呢，还是放弃？

放弃。因为你没有理解什么是"指读"。指读的重点不在手指头上，也不在文字上，而在故事内容上。手指头的点击和移动只是一种自然发生的、顺势而为的形式，形式要为内容服务，而不是去扰乱内容。

孩子念错字了，该纠正吗？

孩子现在五岁，已经认识了一些字，有时候看见字就会念，但是经常念错。每当我纠正他，告诉他应该怎么念之后，他就很沮丧，觉得自己没念对。我这样做是不是不对？孩子会不会慢慢对认字不自信了？可是总不能让他读错别字吧，当他念错字时，我该怎么做呢？

没必要纠正。这么小的孩子，刚开始认字，读错字是完全正常的，这就像孩子刚学走路，很不稳，常摔跤，却并不需要纠正一样。纠正是多余的行为，只能给孩子添堵。

不用担心你不纠正孩子就会一直读错，随着他识字量越来越大，阅读范围扩大，认识的字越来越多，他会有自行纠正的能力。比如别墅的"墅"字，很多小孩子会读成"野"，哪怕你不纠正，当他一再地听别人说出"别墅"这个词时，他自然就会修正自己的发音。

当然不是说一个字都不能纠正，关键你是如何纠错的。孩子原本不讨厌别人告诉他一些正确的知识，他讨厌的是别人不分场合、不停地给他纠错，这会严重影响孩子的自信心和求知欲。

认字影响孩子欣赏画面，影响美感和想象力的培养吗？

我是一名四岁女孩的妈妈。孩子很喜欢听我念书，基本每天我都给她读绘本。

看到您在书上提倡学龄前儿童要认识汉字，我就有意识地引导孩子，在书里看到一些简单的字，比如"大""小"，就告诉她。现在她认识"大"和"小"两个字了，在电视上或者外面马路上只要看到这两个字，就激动地大喊。

我把您的提倡孩子认字的文章转发到我的朋友圈里以后，得到一个绘本馆主的反馈：她认为在绘本时代，还是不要提倡过早认字，因为孩子在这个阶段对图画的敏感度是很强的，可以通过看画面培养美感、想象力等，一旦认识字了就会把注意力从图画转到文字。

我的观点是引导孩子认字并不妨碍他们欣赏画面、培养美感和想象力。不知道您对于绘本馆主这种说法怎么看待？

相信自己的判断，孩子认字不会影响对画面的欣赏，这两者完全没有冲突，而是相得益彰。

很多人都像这位绘本馆主一样，一拍脑袋，凭一点非常浮浅的认识，随意发表观点。如果你分析他们的"观点"，会发现真是糨糊逻辑，根本不成立。

关于儿童教育谁都可以发表观点，重要的是家长要有自己的判断。

孩子的兴趣只在识字上不在阅读上，怎么办？

我的孩子现在四岁。我们家人都看了您写的所有的书，很受启发。孩子爸爸很赞同应该多识字，从孩子三岁开始，就有意无意用一些识字软件教孩子认字，孩子有了浓厚的识字兴趣。但现在的问题是，每天晚上我给他读故事书时，他会不断地打断我，告诉我他认识绘本中的这个字那个字。我发现，他的关注点不在阅读，而在识字上，您觉得这种情况正常吗？我该如何引导他呢？

你好，这应该只是个阶段性的问题，因为孩子刚刚认识了那么多字，他想要表现下自己的"成就"，那就让他表现吧。不但不应该阻拦，还应该给孩子一些肯定和夸奖，满足他，让他有成就感。一旦孩子真正获得了心理上的满足，就会慢慢地对"自我表现"不那么热衷，会自动地把对认字的兴趣转移到阅读上来，毕竟精彩的故事总是更有吸引力。

无论是引导孩子阅读还是培养孩子的其他方面，原理都一样，都是要根据孩子的兴趣和爱好顺势而为。做父母需要懂一些育儿知识，但不要执念太重，执念一重就特别容易刻板，就会强迫孩子按自己的道道来。你这个问题就是执念于阅读过程最好不被打断，要专注于故事本身。希望以此为戒，在其他事情上也举一反三，轻松应对。

听音频故事影响孩子识字吗？

我的女儿七岁，一年级。我很早就看您的书，知道给孩子早期启蒙的重要性，从孩子很小就给她读书，孩子一直喜欢听，到现在也是我每天晚上给她读书。但因为我工作忙，到晚上就很累，给她读书时，我经常读得打瞌睡，孩子每次都感觉听得不满足。后来我想了个办法，给她听音频，从网上下载了很多故事给她听，她也非常喜欢，尤其喜欢听长篇的故事，如《西游记》《葫芦娃》《金猫传奇》《汤姆·索亚历险记》等。

她的语言能力发展得很好，可是我发现和同龄孩子比，我的孩子认的字太少了，到现在也不喜欢自己看书，我心里有些着急。孩子爸爸建议取消听音频故事，让孩子自己看，我们也这样尝试着做了。但孩子看书很吃力，为此闹情绪，每晚自己看不了几页就不看了。孩子爸爸还想坚持，但我有些担心。请问老师，音频还要给孩子听吗？要不要坚持让她自己读？

你好。用取消听音频的办法来逼迫孩子自主阅读，这是不对的。不但不会让孩子爱上阅读，反而有可能把听故事的好习惯也给破坏掉。

孩子喜欢听故事是件非常好的事，这点你们培养得不错。她现在识字少，只是你们在引导孩子识字方面耽误了一些时间，接下来只需花点时间补回来就行了。识字不是件难事，完全不需要采取这种"逼迫"的方式。

放下焦虑，放下攀比心，继续让孩子听喜欢的故事，同时在生活中"无痕"地引导孩子识字，始终让孩子保持愉悦和快乐，用不了多长时间问题自会解决。

你是孩子妈妈，离孩子最近，要学会有主见，主见来源于不断的自我学习，所以你要多阅读。这次你在孩子爸爸的意见和自己的担心间选择了向专家咨询，这也非常好，也是一种学习方式。在儿童面前怀有谦卑心，在教育上甘当小学生，不断学习，这是成为好家长的唯一途径。这一点你也可以和你老公交流一下。

孩子读书经常漏字是感统失调吗？

我发现儿子读书经常注意力不集中，加字漏字现象非常严重，"b"和"d"分不清，偏旁左右经常写错，等等。这属于感统失调吗？需要纠正吗？

现在儿童的"新疾病"很多，"感统失调"就是其中一种。你没有自己的判断力，却爱搜罗这些五花八门的信息，这特别容易误入歧途。当然，我要肯定你的是，你在这个关键时候能向外求助，写信咨询，至少说明你不是过分盲目偏执，这一个小小的动作可以让你的孩子避免受到"训练"伤害，也可以为你节约不少费用。

绝不要听信各种莫名其妙的宣传，不要因为孩子的心理或行为有某个问题就带孩子去"看病"。任何针对儿童心理和行为的训练都是骗人，都是伤害。只有好好爱孩子，用心陪伴孩子，给予孩子无条件的爱，引导孩子多读书，才是解决一切问题的正道。

最后，你信中说的孩子的情况非常正常，很多孩子都会这样，不是问题，不用解决。待孩子年龄大些，问题自然会消失。就像随着他年龄增加，个子自然会长高、走路自然会稳当一样。

孩子阅读时乱翻书页，怎么办？

儿子两岁三个月了，我一直也有意识地培养他爱阅读的习惯，可每次陪他看故事书、绘本，刚要读，他就不停地翻这页、翻那页专看图画，不停地指着图画问来问去，根本就读不成。你要非读给他听，他就用小手捂我的嘴，还不停地说："妈妈，别说了，别说了！"唉！我是越来越没信心给他讲故事了，很无奈。我该怎么办？

为什么非得按顺序去读不可呢？孩子指到哪儿、问到哪儿，你就说到哪儿，这也是阅读。在亲子共读过程中，你要关注的是孩子的兴趣，而不是你自己的计划。读的过程中，你要去迎合孩子的兴趣，而不是让孩子配合你的想法。

你虽然当了妈妈，心理上还像个孩子，因为孩子不配合，就没有信心给他讲故事，你这是比孩子还孩子气啊。另一个建议是，你除了给孩子讲故事，自己也要多读书，这对你和孩子都非常重要。

需要让孩子跟着读吗?

孩子三岁多,我每天睡觉前都会给她读故事书,她也很认真地听,如果听完一本绘本还没睡着,就会让我再给她读。她对书挺感兴趣的,我不知道需不需要让她跟我一句一句地读。

不需要。

当然,如果哪天孩子突发奇想,想要模仿你的样子,跟着你一句一句地读,那也是很好玩儿的事情,那是你和孩子做游戏,需另当别论。

可以让孩子背故事吗?

我是一个小学一年级女孩的妈妈,也是一名初中政治老师。孩子在平时也看一些课外书,但经常不肯自己看,缠着大人给她讲。据说,一二年级是培养自主阅读的时期。我不知是继续给她讲呢,还是坚决让她自己看?

另外,我觉得女儿词汇量小,她班上有名男生,爱看书,词汇量大,男孩子妈妈推荐一个办法:背故事,如把整本《白雪公主》背下来。这样的方法对积累词语好吗?希望老师给予回复,谢谢!

孩子想让你讲,你就给孩子讲,不要和孩子讨价还价。"培养自主阅读",要的是"培养",要慢慢来,不是你下个"坚决"的决心就可以一下子解决。

背故事的做法不可取，阅读不是政治课，不需要背诵。想通过背故事积累词语，这是杀鸡取卵。那个男孩子妈妈的因果归因没道理，如果她一直这样要求她儿子，则后果堪忧。

尹建莉育儿观

"暴力作业"不可取

当整个人类社会都在追求舒适和闲暇，成人的假期越来越多时，我们的孩子，自由时间却被剥夺得越来越少。最需要轻松玩耍的孩子们，"写作业"从不"打烊"，放学后、双休日、节假日、寒暑假等，成年人恨不得把孩子三百六十五天都塞满，甚至恨不得把学生的二十四小时也塞满，有的学校居然变态到在中午给学生布置"午间作业"！现在最令人感到恐怖的是，"作业"已开始渗透进幼儿园。

"作业之痛"已成为一种社会之痛，尤其是孩子们的最痛。一个孩子，在功课方面没有兴趣，在成绩上没有光彩，原本已经很痛苦，如果外界再不断施压，有的孩子真的就可能在某一天再也无法忍受了。不是孩子脆弱得承受不起一次作业或一次批评，他只是被逼到了边缘，就像最后一根稻草把骆驼压死一样。

人们总认为，老师布置的作业都是正确的，都是对学习有用的，孩子都应该认真完成。事实是，现在的孩子们写了太多的无效作业。岂止是无效，简直是负效果。这些作业如此无聊，从对儿童学习兴趣的破坏、对儿童智力发育的阻碍来看，它已走到了学习的对立面，成为反学习的东西。我把这种作业称为"暴力作业"。

把学习和写作业当成一回事，把多写作业和获得好成绩联系起来，这都是非常片面的认识。一种学习活动如果不能唤起学生的热情，而是令他们厌恶的话，那它对孩子的学习兴趣及智力发育都是有害的。那些重复的、毫无意义的作业最容易消磨孩子对学习的兴趣。

厌倦是学习中遇到的最凶恶可怕的敌人，暴力作业则是把这样的敌人运送到孩子心中最快捷的交通工具。一个令人痛心的教育事实是，有很多教师正娴熟地运用着这样的"交通工具"，他们以为把知识运进了孩子心中，不知道车上装的，已变成了"敌人"。而这时更有不少家长在旁边帮忙，强迫孩子接受这些暴力作业，加速着孩子对学习的厌倦。

惩罚性质的作业，无不被说成是为了孩子，其实它的第一动因只是成人在出恶气，和教育无关。它对儿童的学习只有毁坏，没有成全。从本质上说，它只是教师或家长对学生的一种施暴手段。

金钱观是有家传的

严重的拜金是一种不幸，一个人的内心给了金钱太多的位置，就没有容纳幸福和高贵的余地了。

人类社会一直有一种怪异的逻辑：一方面发自内心地喜欢金钱，利用一切机会去赚钱，努力地成为富人；另一方面认为金钱是"坏"的，轻松获得是"恶"的，对富人常表现出蔑视（很多人都在努力成为自己蔑视的人），这真是一个非常有意思的现象。这就像一个人开汽车，他一边踩着刹车，一边又在拼命踩油门，内在的思维矛盾让外部行为乱套了。

真正让孩子养成良好的金钱观，并不在于压岁钱的处理上。父母对待金钱的态度会耳濡目染地传递给孩子。如果你们在生活中没有表现出对金钱的崇拜和追逐，而仅仅把钱当作生活的一种工具，那么孩子也会学着你们的样子去处理与金钱的关系。让孩子内心拥有丰足感，他才会拥有更多的幸福感和安全感，更有利于孩子形成健康的金钱观。

钱是为生活而服务的，不要把节俭当成生活的首要原则。过度节约实质上就是过度看重钱，这是一种内在匮乏感的表现，是对生活终极目标的迷失。如果家长过度节俭，恐怕孩子将来会形成吝啬的毛病，或者因为从小形成匮乏感，对物质反而有很大的贪欲。

"讲道理"不如多做

"讲道理"是很多家长喜欢的一种教育方式，一直以来都被正面推崇。但很多人也发现，讲道理对于很多孩子来说没用，越喜欢讲道理的家长，他的孩子往往越不听话。教育并不是一件"告知"和被告知的事情，而是一个主动的和建设性的过程，这个原理几乎在理论上无人不承认，而在实践中又无人不违反。要使儿童"明白道理"，不要仅仅把道理告诉儿童，必须要首先让儿童有机会在实践中获得连续不断的经验。

人们对"讲道理"的偏好往往源于思维惯性。从小在家庭、学校接受太多"大道理"教育的人，往往会成为讲道理爱好者。在他们的经验和认识中，教育者和受教育者的关系，就是告知与被告知的关系；所谓教育，就是"明白人"对"不明白人"说话。所以他们对孩子表示负责和爱的方式，就是大事小事都要告诉他们如何做。不过，这种单边主义思维方式，最容易让人陷入教育困境中。

有一些家长确实很少对孩子讲道理，他们很直接，三句话不对就把孩子骂一顿或打一顿，这就不是我们这里所说的"不讲道理"，而是不讲理了。更有些家长，对孩子简单粗暴，却在事后美化自己的行为。例如，打了孩子，然后又深情地讲"孩子，我为什么打你"，通过煽情来为自己的行为找遮羞布。这简直是强盗逻辑，矫情得十分了得，是更深层面的不讲理。

思想家卢梭说过，三种对孩子不但无益反而有害的教育方法是：讲道理、发脾气、刻意感动。这句重要的提醒已存世百年，可这三种办法恰是很多家长身体力行，运用最纯熟的。

两千多年前的荀子把有效教育和无效教育区分为"君子之学"和"小人之学"。"君子之学"是从耳朵进来，进入心中，传遍全身，影响到行为；而"小人之学"则是从耳朵进来，从嘴巴出去，只走了四寸长，所以难以影响到整个人。

从讲道理到接受道理，中间的距离可能很远。一个人能否接纳别人的观点，首先取决于情绪，其次取决于对方的行为，最后才是对方的语言——成年人尚且如此，何况孩子。

唠叨是潜在的否定

在家庭生活中，并不是说话多就叫唠叨。称得上"唠叨"的，是那些随口而出的、不断重复的、总给人带来负面情绪的话语，既没用又不中听。唠叨的特点是负面、无效、重复，这些特点叠加到被唠叨者身上，就是自我体验不断被干扰，心理不断受阻的感觉。所以我们会观察到一种现象，一个人在什么事上被唠叨得越多，往往这方面做得越差。

人最怕的是经常性的唠叨，负面影响在深远的岁月中慢慢呈现，发生的过程几乎感觉不到，但对一个生命的抑制作用是肯定的。它如同一把小刀子，会一点点削去一个人体内的正面生长力量，如好奇心、自信心、责任感、判断力等。

不要让孩子在某事上有被否定感，要让他体会到成就感和荣誉感。在好情绪中，事情才会往良性循环的方向走，坏情绪只能让事情陷入恶性循环。用令孩子不快的坏方法来清除坏习惯，不仅几乎都会失败，还会制造出更大的坏习惯。

若家长把"慢点""小心点"挂在嘴上，就是在不停地用潜台词告诉孩子，你是鲁莽的，你总是做得不够好，我必须时时提醒你。而孩子天然地想行为得体，希望得到肯定，特别是意识到自己做得不够好的时候，他内心是非常愧疚的。如果这时家长提醒他"小心"，他会立即意识到自己的"不得体"被别人注意到了，内心会很不自在。注意到的人越多，他越羞愧。

孩子表现出和年龄不相符的"懂事""礼貌""关心"等现象，其本质是儿童对自己的扭曲，是孩子长期不被尊重，心理边界长期被侵犯，个人意志长期被践踏的后果。表面的"懂事"不过是讨好，是尽量让别人舒服，以憋屈自己来迎合别人。

06

儿童古诗词背诵

中国古典诗歌是最好的摇篮曲，
是最好的语言启蒙教材。

——尹建莉

儿童学古诗受益一生

孩子就像一张白纸，最先接触到什么，就会浸染什么，越是接触得早的东西，越容易引发兴趣。同时，儿童时期拥有发达的记忆力。儿童在这个时候背诵古诗，那些古诗就会变成刻在他们基因里的记忆，进而转化为一生的能量。背诵活动本身也是一项益智活动，对挖掘儿童的智力潜能、增强儿童的记忆力有帮助。

中国的古典诗词是我们的祖先留下的宝贵遗产，记录了中华民族的生活方式、精神追求、人生智慧，源源不断地给后人提供精神和艺术的滋养。儿童能从小接触到这样的文化瑰宝，文化品位的起点就很高，这会让孩子受益一生，"腹有诗书气自华"说的正是这种现象。

另外，现在全社会越来越重视青少年古典诗词的教育，中小学教材的古典诗词比例也在逐步增加。儿童如果能从小大量背诵诗词，除了可以奠定良好的文化底蕴，在面对学校功课方面，也将占有优势。

儿童学习古诗词越早越好

儿童学古诗词的年龄应该很宽泛，从几个月到十几岁都可以，总的来说，越早越好。

在孩子只有几个月时，就可以把诗歌当作儿歌读给孩子听。不必担心孩子听不懂，哪怕是小婴儿，也可以读给他听。只要让孩子听到声音，体验到韵律感，感受到父母的爱意与温度，就可以了。

比如在抱着孩子睡觉时，可以把古诗词当摇篮曲，一边轻轻拍着孩子一边读给他听。和孩子玩拍手或其他有节奏感的游戏时，也可以一边有节奏地拍，一边念诗。只要孩子一直愿意和你玩这个"游戏"，就做成功了。

等孩子再大一些，家长可以引导孩子多朗读和背诵古诗词。家长不要过多注重儿童对古诗的理解，从古至今大量的朗读和背诵都是儿童学习古诗的最优方法。经过一遍遍的朗读和背诵，古诗会嵌入儿童的心灵深处。随着儿童渐渐长大，随着家长适度解释，孩子顺其自然就理解了古诗的意境，体会到古诗的美好。

如何让孩子对古诗词感兴趣？

第一，无论家长自己喜欢还是不喜欢，都要相信孩子是喜欢读古诗词的。

这是个事实，不是假设。很多成年人之所以不喜欢诗歌，主要是因为从小没有机会接触。正如音乐，喜欢音乐是人的天性，不喜欢只是因为错过了启蒙机会，这方面的功能没有发育起来。还比如吃饭，世上没有天生厌食的孩子，如果孩子不喜欢吃饭，那是因为家长有一个错误观念，认为孩子不爱吃饭，这个错误观念会导致家长采取一系列错误行为，努力要孩子爱吃饭，后果就是孩子更不爱吃饭。

心态决定思维，观念决定行动。世上一切事情大约都如此。

第二，把学古诗当作玩游戏。

家长必须以游戏的心态带着孩子去学，而不是以"做功课"的心态去面对。所以孩子背多背少，背得认真还是不认真，都不是问题。如果希望孩子能喜欢上古诗词，家长自己就应该去品味它的美，并把读古诗、背古诗的时间当作亲子共处的美好时光来享受。家长对待古诗词的态度，会影响到孩子对古诗词的兴趣。

不要把背古诗当作一项单方面任务强加给孩子，家长最好以"共同学习者"的身份和孩子一起诵读，而不要以教师、统计员或监考者的身份出现。让诵读的时光成为亲子相处的美好时光，孩子爱上诵读活动就是自然的事。

第三，长年坚持学习，形成稳定的习惯和规律。

随时随地学习，养成习惯和爱好。但不一定需要天天坚持，不必刻板而为。犹如最爱吃的美食也不必天天吃一样，要防止的只是一曝十寒。只要有上面提到的"游戏心态"，这一点不难理解。

背诵古诗词最好能形成一定的规律，在固定的某个时段或场合学习，可以促使条件反射发生，容易使孩子形成背诵的良好习惯。比如在每次送孩子上学和接孩子放学的路上，或在临睡前和早上未起床时，与孩子一起背几首诗。背诵时间同样不要过分刻板，不必严格执行，以孩子感觉轻松愉快为原则。当然，其他时间也可以，根据自己的需求和实际情况来处理。

背诵古诗有方法

要有意识地带动孩子背诵，但不要刻意要求孩子背诵

古诗要背诵，但不要直接要求孩子背诵。较好的方法是通过多诵读来强化记忆，事实是孩子的记忆力往往超过大人，读几次，大人还没记住，孩子就记住了。这时要给予孩子赞赏，让他体验到背诵的愉快。

希望孩子多背古诗词，家长要想办法让孩子背得愉快，只要高兴，只要让孩子在接触到古诗词时有娱乐感，就是对的。这需要家长动脑筋，比如用玩游戏的方式和孩子一起背古诗。绝不要用背诵为难孩子，也不要让孩子因为遗忘而羞愧或有压力，遗忘是正常的，多复习就可以了。

可以适当让孩子背诗给别人听

这样会让孩子有荣誉感，提升他背古诗的兴趣。但一定要适可而止，不要经常让孩子给别人表演背诗，更不要强迫和炫耀，一切取决于孩子愿不愿意。

　　背古诗词是为了让孩子把它们吸纳为自己的东西，是为了更好地体会诗歌的语言美、意境美、想象美，在诗歌之外不应有任何虚荣和目的。

学习古诗时要避免"过度解释"

　　有些家长从小没有养成学习古诗词的习惯，没把古诗学明白，觉得古诗"难懂"，于是在教孩子学古诗时，会把每一句古诗词都翻译成白话，从头到尾地用现代语言告诉孩子古诗的意思。其实，学习古诗不应该"过度解释"。

　　家长要相信儿童对古诗语言的领悟力，开发儿童对古诗的想象力。诗词拥有的韵味和意境有时候是无法用现代语言解释清楚的。家长片面的、过度的解释反而不利于儿童理解和想象古诗的意境，不利于儿童更好地学习并掌握古诗的精髓。

　　但是，家长还是要适度"解读"。其实孩子经常是很想知道一首诗内容的，这在某种程度上会激发他的兴趣。所以要适当解释一下，让孩子大概知道这首诗在说什么。家长能解释多少解释多少，不过度解释，尤其不胡乱解读。读书百遍，其义自见。现在不明白的，孩子读得多了自然就明白了。

建议背诵的内容

　　我建议背诵的，首先是以唐诗、宋词、元曲为主的历代经典诗歌，熟背 100～500 首。其次是清代车万育的《声律启蒙》或李渔的《笠翁对韵》，两者背一种即可。第三是老子的《道德经》。诗歌一般比较短，尽量背下来；后面两种比较长，背不下来没关系，反复诵读也行，读到非常熟练，张口能来，价值是一样的。

　　现代生活太丰富，儿童要学习的东西太多了，经典背诵要适可而止，不必求多，因为任何人的精力都是有限的。

　　我不建议背诵的是"四书五经"、《弟子规》《三字经》《百家姓》等。这几种一是篇幅较长，不够朗朗上口，不容易背诵；二是其中有些价值观并不适应当代社会生活。当然，如果有的人喜欢，背诵这些也没问题，个人偏好，喜欢的就是适合的。

如何选择古诗词读本？

古诗词读本像古诗词本身一样浩如烟海，各家的选编和注释也不尽相同，各有特点。所以如何选择反而变得简单——按自己的喜好来，像下馆子一样。

一般来说，选择较权威的大出版社的版本或修订过多次的经典版本最为可靠。要考虑的主要有：主编的选诗偏好，体量大小，注释水平，排版、插图和印刷是否精美，价格等。可以多比较几个版本，感觉哪个选本是你喜欢的，哪个版式看起来舒服，就选哪个。

在这里我推荐一下自己主编的《一周一首古诗词》。本套书由作家出版社出版，我担任主编，编委会由全国特级语文教师和知名编辑组成，精选三百首诗歌，上自《诗经》，下至清代诗，含有小学教学大纲全部古诗词。这样既让孩子接触到一组最优秀的古诗，又配合了学校教育，同时还可能减轻孩子的学业负担。此书还根据遗忘曲线设计了"背诵提醒表"，配在每一首诗后面，这是前所未有的创举，对复习巩固已背过的东西十分有用。

读古诗词不排斥读儿歌

　　给孩子多读古诗词，并不排斥读儿歌、民谣等，就像吃正餐不排斥吃小点心一样。儿歌和民谣具有口语化、通俗性和趣味性的特点，也很受小朋友喜欢，同样对儿童有益。

　　我记忆中有一些小时候从妈妈那里听来的民间童谣，我相信那些童谣对我有很好的启蒙作用，一辈子都记得它们。在我女儿圆圆小时候，我有时也会念这些童谣给她听。这些童谣在今天看起来略显庸俗，但它们往往有趣，如："哑巴唱歌聋子听，瘸子跑了第一名……"圆圆总是被这夸张的、不合逻辑的童谣逗得哈哈笑，很感兴趣地要我一说再说。

　　有的人可能担心这些民间童谣内涵不佳，对孩子形成不好的影响。这样的担心是多余的。人需要娱乐，娱乐之"乐"本身就是很好的心理调适，而且，娱乐也往往止于娱乐，它没必要承载太多的东西。社会需要伟大的政治、深奥的思想、优美的文学，也需要赵本山的小品、郭德纲的相声。企图把一切娱乐都附加上道德教化功能，去人性化，假惺惺，才是最不靠谱的道德教育方式。培养趣味和幽默感其实也是早教的一部分。

　　遇到好儿歌，当然要读给孩子听，但我认为还是要以古诗词为主。毕竟孩子的时间和精力有限，古诗词的广度和深度都要比儿歌强一些。

古诗滋养的孩子

被古诗滋养的孩子，得到的不仅仅是诗情和文才，实际上也成为被生活和命运多一份垂青的人。

我女儿圆圆很小的时候，我就开始给她读一些诗歌。我发现她既爱听，也爱记。

大约她三岁时，我学习电脑打字，每天背"五笔字型"字根口诀。五笔输入法发明人王永民先生把"字根表"编得像诗一样节奏明快，朗朗上口。我背的时候圆圆在旁边听到了，到晚上关灯我躺在床上背的时候，有的地方想不起来，她竟然都能提示我。这些没有内容的东西，小家伙随意听来，居然记得比我还快，我很惊叹孩子的记忆力。

中国文字原本就蕴含着艺术美，周作人先生说，汉字具有游戏性、装饰性与音乐性的特点。而中国古典诗歌更浓缩了我们母语的精华，以其特有的节奏感、韵律感、美观性等特质，从古到今始终散发着迷人而高贵的气质。我在教圆圆读诗的过程中，逐渐坚定了一个认识，即儿童应该大量背诵诗歌，尤其是古诗。

从圆圆四五岁时，我开始正式教她读古诗。我们最早用的读本是一套配有插图的《幼儿读古诗》，共六本，有一百多首诗，那些诗都很短，一般只有四句。我经常和她一起朗读这些古诗，等读熟了再一起背。这方面并没有做计划，做得比较随意，但因为持续不断地做，到她六岁上小学前，这些诗基本上都会背了。

近年看过一些资料，有的人反对在孩子小时候教他们读古诗。认为孩子不理解，只是鹦鹉学舌地记住一些音节，所以提议在孩子小时候应该教他读儿歌，不要背古诗。我个人不太认同这样的观点。

艺术首先需要感知，幼儿学古诗并不重在理解，古诗词平仄押韵，韵律感非常好，良好的感知自然会慢慢形成"理解"。觉得古典诗词陌生难懂，这是大人的事，孩子则没有这种疏离感。儿歌可以教孩子一些，但在数量和质量上都无法取代古诗。每个人的学习时间都非常有限，我们应该把最好的东西教给孩子。如果家长拿出读儿歌的轻松和愉快来教孩子读古诗，孩子是感受不到这两种文字在愉悦感和美感上的差别的。

另外，儿童时期是记忆的黄金时期，这个时候阅读和背诵的东西，真正会刻进脑子里，内化为自己的智慧财富。所以我们更应该珍惜童年时代的背诵，不要让孩子把时间浪费在一些平庸之作上。以唐宋诗词为主的古典诗歌，我觉得它值得一个人从小背到老。

人们因为古诗"难懂"产生的另一个错误想法是，教孩子学古诗时，要尽可能给他讲解，把每一句都"翻译"成"白话"。事实是，学古诗要防止的，恰是"过度解释"。其原因，一是基于对儿童领悟力的信任；二是诗文中的意境美与文字美重在体会，它们原本就是无须解释的，一解释就是对想象力的束缚，就是对语言美的破坏。

在孩子两三岁前，读诗不用解释，只要把读诗当作唱歌，体会其中的韵律感就行。到孩子四五岁，懂些事情时，再加进"讲解"。但这讲解一定要简单，简要地说一下这首诗的意思，同时把影响到理解的一些词解释一下就行了。

比如我在教圆圆背诵"鹅，鹅，鹅／曲项向天歌／白毛浮绿水／

红掌拨清波"时，由于诗本身明白如话，只解释一下什么是"曲项"就可以了。

少解释不等于不"解读"。我和圆圆对一些非常美的句子经常会反复品味，比如看到"青枫江上秋帆远，白帝城边古木疏"，会关注它的对仗工整，体会每个用字的精致；看到"肯与邻翁相对饮，隔篱呼取尽馀杯"，就想象那样一种生活场景是多么朴实有趣。这就是读诗的享受。但对于每一首诗，我和圆圆更多的是把时间花在一次次的读和一次次的背诵上。

我们从学习中体会到，大量的朗读和背诵仍然是学习古诗词最经典的方法，这是我国传统的语文教学方法，这个方法最简单也最有效。"书读百遍，其义自见"，前人对这一点已总结得很精辟了。

这种学习方法看起来简单刻板，实际上很有道理。

著名学者、北大中文系教授钱理群先生说："我们传统的启蒙教育，发蒙时，老师不作任何解释，就让学生大声朗读经文，在抑扬顿挫之中，就自然领悟了经文中某些无法（或无须）言说的神韵，然后再一遍一遍地背诵，把传统文化中的一些基本观念，像钉子一样地楔入学童几乎空白的脑子里，实际上就已经潜移默化地融入了读书人的心灵深处，然后老师再稍做解释，要言不烦地点拨，就自然'懂'了。即使暂时不懂，已经牢记在心，随着年龄的增长，有了一定阅历，是会不解自通的。"

"少讲多读"并没有影响圆圆对诗歌的理解，我经常发现自己以为简要的解释，有时也是多余。记得圆圆五岁时第一次读到"李白斗酒诗百篇，长安市上酒家眠，天子呼来不上船，自称臣是酒中仙"时，她觉得李白好潇洒，觉得这首诗特别好玩。我们刚刚读完，她就对这首诗进行了"改编"——把"李白"改成"圆圆"，把"长安"改成"烟台"，把"臣"改成"俺"——逗得我们一家三口都哈哈大笑起来。无须解释一个字，我知道她已经理解这首诗了。

读得多背得多了，圆圆不仅很容易理解字面意思，也逐渐学会了领略诗歌中方方面面的美。圆圆上小学时，有一次我和她一起读杜甫的《登高》，当我们读到"无边落木萧萧下，不尽长江滚滚来"时，她沉默片刻，轻叹一口气，忍不住说："写得真好呀！"我从未解释过这句诗，事实上我也无从"解释"，但她读懂了，她被这语言美深深打动了。

孩子之所以能对学习古诗有长久的兴趣，也在于家长从来不把背古诗当作一项单方面加给她的任务，而是当作共同的爱好，一起来慢慢享受。我们一起想象"乱花渐欲迷人眼，浅草才能没马蹄"的景致；又一起享受"绿蚁新醅酒，红泥小火炉"的温暖。圆圆背诵古诗的过程一直也是我背诵的过程，我尽量和她一起背，尤其在她小时候，凡要求她背的诗，必定也是我会背的。在教她的过程中我也复习和背诵了好多古诗词。

圆圆认字后，我总是把要背的诗抄到一个小本上，经常在乘公交车或饭后睡前的时间和圆圆一起读几句背几句，不知不觉一个小本就用完了。每背完一个小本，我们就会觉得很有成就感。

圆圆阅读和背诵的首先是唐诗，后来又背诵宋词，再后来又背了一些元曲。小学期间背的篇目最多，上初中后，开始背一些长诗，比如《长恨歌》《琵琶行》等。

圆圆刚开始背长诗时有一些为难，我们就采取了化整为零的办法，每次背一小截。当时她住校，每周回来往小本上抄几句，然后拿到学校去背，不断地把新背的和前面背过的连起来，一首长诗就一点点地解决了。

事实上诗歌越背越容易，这方面也同样存在熟能生巧。

开始时圆圆背一首诗比较费时间，到后来，一首绝句只需花几分钟读两三遍，看看注解，合上书就背下来了。即便是背长诗，基于以前背诵的功底，她背诵的时候也比较容易。

整个中小学期间，圆圆在学习古典诗词方面显得比同学们轻松多了，一方面是课本上学到的诗词她基本上都已提前背过，另一方面就是她具有了更好的背诵能力。她初中时回家跟我说，语文课学《琵琶行》，要求大家背诵，不少同学觉得太难背了，还有同学责怪白居易，说他干吗把诗写那么长，这不是为难人吗！

在保护孩子学习古诗的兴趣方面，我觉得还要注意的是，带领孩子学习古典诗歌的动机一定要单纯，至少要让孩子感觉到单纯。

一些家长在孩子背会一些诗后，总是要求孩子给客人表演背诗；还有的家长不断地计较孩子背会多少首，仿佛背诵是为了一个数字；也有家长直接告诉孩子，多背些诗对写作文好……

诗歌是一块精美蛋糕，我们把它送入口中，只是为了品尝它的香甜，不是为了某天向别人炫耀我吃过蛋糕，也不是为将来某一天可能饿肚子而储存更多热量。在享受之外没有功利心——背诵是为了更好地把那些诗句内化为自己的东西，更好地体会诗歌的语言美、意境美、想象美，而不是为了"会背诗"，在诗歌之外没有任何其他目的——这才是应有的目的。

所以不要让孩子给别人表演背诗，不要当着孩子的面对别人说他背会了多少诗，这样才能让孩子对诗歌抱有单纯的心境，也才能产生真正的好感。

只有喜爱，才能谈得上接受。如果一个人在读诗中从没有为诗中的情打动，从没为语言的美震撼，从没为智慧而深思，纵使他会背一万首诗，也还是个不会读诗的人。

我见过某民办教育机构出了一张据说能让孩子们快速背会上百首古诗的光盘，它把古诗配上快速变幻的动画和动感十足的音乐，以现在歌坛流行的快节奏的"说唱法"念出来。事实是所有的诗都变成了配乐"快板儿"，不管什么内容都用一个味道念出来。这张光盘被卖到好多小学里，受到一些老师和家长的欢迎。但是，这样的"教学"里，孩子们到哪去体味古典诗歌的意境美、思想美和文字美？它只能给孩子们带来一个背诵数字，带不来阅读享受。我怀疑这样背诵来的东西也不会记得深刻，难以在记忆中扎根，从长远来看，实际上是浪费时间。

圆圆在背诵古典诗词的过程中，也接触了一些好的现代诗。她真正感受到了诗歌的美，甚至产生了自己写诗的冲动。

她在小学时，就自己尝试着去写诗。有一次我们一起到海边玩，快到海边时，远远望去海水很蓝；当我们走到沙滩上，发现海水是绿色的，因为那天有些海藻；她光脚丫跑进水里，发现脚丫白白的，水根本没有颜色。她就用手捧起水来，对我说了她看到的海水颜色的变化。我说，你发现诗了。回家后，她在我的指导下，写出这些文字：

> 我站在远处看海／海是蓝色的／我站在近处看海／海是绿色的／我用手捧起海水／咦，大海的颜色跑哪儿去了？

这是她七岁时写的诗。过了不久，我给她换了一块新枕巾，蓝色的。她说像大海的颜色。我开玩笑说，枕着它可能会梦见大海。她顺着我的话说，再加块黄色的就可以梦见沙滩了。她又马上想象，要换成绿色的，是不是就可以梦到草地了？我亲亲她的小脸蛋说，你的话就像诗一样，写下来吧。圆圆后来就写了这样一首诗：

> 我枕着蓝色的枕巾／梦见了大海／／我枕着黄色的枕巾／梦见了沙滩／／我枕着红色的枕巾／梦见了玫瑰花／／我枕着绿色的枕巾／梦见了草地／／我枕着各种颜色的枕巾／做了各种颜色的梦

这些诗说不上有多好，也就是小学生的水平；但能从生活中发现诗意，她的生活因此不一样了。她上中学后偶尔也写诗，有的写得还真是不错。

圆圆对古典诗词的兴趣一直很浓厚，理解得也很好。高中时的语文老师很欣赏她这方面的修养，让圆圆给同学们做过两次古诗赏析。圆圆认真准备后，在课堂上把那两首古诗解读得非常好。据说有的同学居然听得很感动，评价说第一次被一首诗打动，发现诗歌这么美。

她在写作文时经常引用一些诗句，总是能够提升文采，作文成绩一直不错。2007 年北京高考作文试题正好是对两句古诗的解读，那两句古诗是"细雨湿衣看不见，闲花落地听无声"。以圆圆平时对古典诗词的领悟力，她读完这两句诗时，肯定容易找到感觉。她从老子的"大美不言"写到在平凡中创造不凡业绩的当代楷模方永刚。她的语文获得了 140 分的高分（总分 150 分），作文应该有不错的成绩。圆圆觉得自己很幸运，说一直以来的古诗词背诵在这次考试中帮了大忙。

有的家长因为自己没有读诗的爱好或能力，想到教孩子读诗，可能会觉得为难。我想这其实没关系。我在前面谈到家长要和孩子一起学习，家长只要能做到这一点，问题基本上可以解决。

现在有很多不错的古典诗词选读本，一般都有较完备的注解，读懂应该没有问题。可以多买几个版本，挑自己喜欢的去读，对照着去理解。有的句子暂时读不懂也没关系，以后读得多了自然会懂。况且对诗歌的理解本来就是多元的，不一定要寻求什么标准解释。

只要家长能经常和孩子一起去读去背，这方面修养自然会加深。孩子的感悟多半比家长更好，他在简单的诵读中，也会有很多收获。家长和孩子一起去学习，是件非常奇妙的事情，更容易唤起孩子的兴趣，也会让双方都有很强的成就感。

孩子学古诗从幼儿时开始较好，但也许你的孩子已上中学。这也没关系，读诗任何时候开始都不晚，学习是件终身的事情，不存在绝对的"错过时机"。也许你还会顾虑孩子的功课太紧张，没时间。这需要我们动些脑筋，让孩子少上一些课外补习班，多利用时间的边角料，时间总能找到。

现在社会上出现了一些学习班，专门学习古典诗词文赋。是否要报这些班，家长应慎重。

如果这些学习班的教师的古典文学修养较好，会引导孩子阅读，这样的班可以参加。但我担心一些老师把这种班办成另一种"课外补习班"，给孩子们"讲诗"，逼着孩子们背诗，那样可能会导致孩子对诗歌产生厌倦感，失去学习的意义。

有一个最简单的考察办法，就是向一些参加过学习班的孩子打听一下他们的学习感觉，或让自己的孩子试听一段时间。孩子们喜不喜欢，是最重要的评价标准。

写到这里，我猜想可能有人会这样想，虽然读诗有种种好处，可现在这个时代需要的是专业技术知识，还是先抓紧时间学课程吧。

这样想可以理解，但不一定有道理；须知有这么一句话，叫"磨刀不误砍柴工"。

据说诺贝尔奖获得者杨振宁先生从小表现出超常的数学才能，刚上中学一年就把中学几年的数学都学完了。有人建议他去学习更高深的数学知识，他父亲不同意。父亲是一位大学数学教授，他对杨振宁提出的要求却是，花几年的时间去学中国古典文学。后来，杨振宁先生在多个场合谈到中国古典文学对他的熏陶，认为这种熏陶对他的科学研究有深刻的影响。

我国古典诗歌浩瀚如大海，璀璨如星河，每个人所接触的不过沧海一粟；并且对所接触的有限的篇章，我们也不敢说完全读懂了读透了——即便这样，已受益匪浅。

有一次，我看到圆圆上高中时写的一个小随笔，里面有这样的话："从初中到现在，我在每一个摘抄本里都抄了白居易的《长恨歌》。有人说《红楼梦》是读不尽的，我认为，《长恨歌》也是读不尽的。"她有这样的感觉，我真的很欣慰——生活里有些美丽的爱好，那是怎样的一种滋润；人生中有些读不尽的东西，那是怎样的一种财富啊！

所以，我最后想说的是，被古诗滋养的孩子，得到的不仅仅是诗情和文才，实际上也成为被生活和命运多一份垂青的人。在平凡的生活之外，他更有一个"桃花流水窅然去，别有天地非人间"的世界。让孩子多读些诗吧！

（本文选自《好妈妈胜过好老师》）

家长问答

有办法让孩子重新爱上古诗吗?

我的孩子现在一看到古诗的书就厌烦,不喜欢看,这是我的过错导致的。去年有一天晚上我教他背唐诗,教了几遍之后我就让他背,他背不出来,我就数落批评了他,从那以后他就不喜欢诗了,他以前是喜欢诗的。不知道还有没有办法让他再爱上古诗?

你好,毁坏一个东西总是比建设一个东西容易,拆房容易盖房难。你已经因为着急、简单粗暴造成了不良后果,接下来就必须要完全戒断着急和简单粗暴。不要指望找到一个办法,简单操作一下,孩子就会重新爱上古诗。孩子心底真正厌恶的不是古诗,而是因为背古诗时你在他面前摆出的态度。

在这里,我首先建议你放下焦虑,不要认为孩子不会背古诗是多么严重的问题。孩子愿意背诵是非常好的,不愿意背诵也没什么大不了的。即使他一辈子不背一首诗,只要心理健康,也可以生活得很好。有这样的心理垫底,你才能真正转变态度,用正常的心态对待孩子的背诵,问题之结才有可能打开。

其次,希望你坦率地向孩子认错道歉,请孩子原谅你的简单粗暴,并保证以后再不用背古诗为难他。如果有机会和条件，把背诵作为一件亲子互动的美好事情和孩子一起去享受，比如玩接龙游戏，仅仅只是享受，就像和孩子一起旅游或打游戏一样，没有任何学习目的。这样或许可以重新引发孩子对古诗的兴趣。

背古诗挺重要，但再重要的事也不值得以伤害亲子关系为代价去做。良好的亲子关系是孩子一生健康和幸福的基础，你只有先把这一关系处理好，才有可能在其他事情上做得正确。

孩子突然不喜欢古诗了，怎么办?

我的孩子五岁，从去年开始，我们每天早上起床后会读一会儿《三字经》或几首古诗，这个习惯持续了已有一年。可最近，早上我要跟孩子一起念古诗时，她好像特别反感，说要玩其他的游戏。我不知这是因为什么。请问老师，出现这种情况，我该怎么办?

孩子不愿意读古诗，那就先停一停，没关系。请审视一下自己在引导过程中是否做得太刻意了，或者让孩子感到了压力，这需要你自己反思。

除了古诗，还应该背诵些什么?

老师，我家宝宝出生才三个月，我现在就按您书中写的，在抱着他睡觉时，嘴里念些唐诗，感觉他听着很舒服。孩子很快就会长大，我想让经典国学知识一直伴着他，所以想提前知道，除了给他读唐诗宋词，别的您还推荐什么。谢谢您！

你好，中华文化浩如烟海，可背诵的经典实在太多，由于每个人的喜好不尽相同，所以就一个人一生的背诵来说，我不敢开出一个具体的单子。但就儿童来说，考虑到儿童的特点及童年时光的有限性，我建议背诵的内容：300首唐诗，100首宋词和清词，20首元曲，这些数字只是一个大概，不必刻意，可多可少；另外选择哪些背诵，也要随自己的喜好。仅流传下来的优秀唐诗作品就有几万首，各家选本不过几十首或几百首，体现的也都是编者的想法，每个人要根据自己的喜好去选择。另外，《道德经》《笠翁对韵》《声律启蒙》如果孩子喜欢也可以背诵。

中学生读古诗词晚不晚？

我是个无知又自以为是的妈妈，孩子小时候，我也很注重培养孩子，上小学前我就教他学习算术、拼音、英语，上小学后也一直抓作业、写卷子，认为读课外书会耽误学习，更别说读诗歌了。我看了您的书后，开始不管他看课外书了，同时也想让他读点古诗词，不过孩子现在已经上中学了，是不是晚了？

学古诗从幼儿开始培养较好，但也可以说任何时候开始都不晚，学习是件终身的事情，不存在绝对的"错过时机"。即使说"晚了"，那又怎么样，难道就彻底放弃？你过去对孩子的管理中就犯了"功利主义"的毛病，就是这个毛病导致你耽误了孩子的课外阅读和古诗词背诵。毛病现在还有，希望用心去除一下。

中学生功课一般很紧张，你要注意，不要因为背古诗给孩子增加新的负担。想办法把背古诗当作你和孩子在一起时放松和娱乐的内容，只要让孩子从中感觉到了愉快，就基本上做对了。孩子如果不想背，也不必勉强，学校课本中已经有一些背诵内容，孩子能把那些背熟了，也可以。

要注意的是孩子的阅读，从现在开始，放开让孩子去阅读吧。不要担心功课。阅读对功课只有成全，没有负面作用。

尹建莉育儿观

拥有不完美的勇气

不求完美，这不是一种懈怠，而是一种勇气。人必先征服自己的自卑和虚荣，才有力量面对生命中的种种不完美。

教育的目标是要尽可能让一个孩子优秀，但教育最要提防的是求完美心理。在完美期待中成长的孩子，天性被过度驯化，其作为独立的"自我"无法正常舒展，却耗散太多的精力去适应他人的要求。

求完美的潜台词是：你必须完美，我不接纳你的任何不足和过错。所以伴随求完美的，必定是事无巨细的要求和完美的目标，以及为实现这些"要求"和"目标"而派生出来的烦琐苛刻的家庭法则。这种情况特别容易发生在强势父母身上。

"求完美家长"和"强势家长"几乎是同义词，这样的家长，他们主要关心自己要培养怎样一个人，不断以成年人的强势去改造孩子，较少关心或根本不关心孩子作为自然人的天性和需求——破坏就这样形成了。

当代家长文化程度普遍较高，它意味着家庭生活首先给了孩子良好的教育，但也可能意味着一些问题。越是文化程度高的家长，越可能对孩子的教育非常认真；越是认真，则越是细腻。过分"细腻"，就有可能开始苛刻，不知不觉陷入"求完美"的泥淖。

不仅在教育上，在一切人与人的相处中，包括和自己的相处，求完美都是一种思维缺陷，凡求完美，必有伤害，接纳不完美才是一种完美行为。接纳配偶的不完美，彼此幸福又放松；接纳朋友的不完美，获得尊重和真诚；接纳自己的不完美，让自己自信且心理平衡……我们都羡慕一些人的潇洒，不论遇到什么，都可以微笑面对，坦然地说一句：没什么大不了的……这样一种潇洒，不可能凭空产生，它必须有一种生长基础，那就是从童年时代起，他从成年人那里学会了正面看待一切事情，他是有容量的，因而他的天地分外宽广、分外和谐。

现在有一种趋势，儿童出现某种心理问题或行为问题时，人们不再有耐心去思考孩子的个性差异或教育生态环境，而是直接把这些问题推给医疗，所以围绕孩子大脑和意识的疾病越来越多。活泼亢奋的得了多动症，内向孤僻的得了自闭症，迟迟不说话的得了语迟症，说话太多是威廉姆斯综合征，不好好吃饭是进食障碍症，吃得太多是嗜食症，动作不协调是感觉统合失调症，经常说脏话的得了秽语综合征，霸道或懦弱的孩子有社交障碍症，不敢和生人说话是选择性缄默症，上网太多的患了网瘾，玩具不离手则是患了恋物癖……疾病的名单会很长，几乎儿童成长中所有的情况（只要它不被成年人满意）最后都会进入医疗范畴，成为一种需要医生治疗干涉的病症。

所有的"戒网瘾医院""戒网瘾学校"或相关的"训练营"都是伪概念之下的骗人机构，是一种邪恶的时代产物。

严师并不一定出高徒

"严师出高徒"这句话有其片面性……必须承认，严师出高徒是件"可以有"的事儿，古今中外也不乏这样的例子。但是，有没有人想过这样一个问题，那就是，严师毁掉了多少高徒？

"严厉教育"，其实和教育无关，不过是成年人某种性格缺陷的遮羞布而已。振振有词地宣扬棍棒教育的人，往往是道德伪君子，道德伪善甚至把他们自己都骗了，这使得他们在对孩子施行各种惩罚时心安理得。

打孩子是一种陋习和恶习。一个用武力征服儿童的成人，无论财富多么丰厚，地位多么显赫，学问多么高深，打人的理由多么充足，都是智慧不足的表现。

暴力教育能让孩子变得顺从，不能让孩子变得聪明和懂事；能让他们变得听话，不能让他们变得自觉和上进——暴力教育能得到一些暂时的、表面的效果，但它是以儿童整体的堕落和消沉为代价的。

在弱者面前，最能流露一个人的真性情。许多人，他们在单位、朋友面前，表现得谦和并富于教养，唯独在他们最亲爱的孩子面前，常常不自觉地流露出粗野。

很多家长是自己想怎么打孩子就怎么打，到了外面却不允许别的小朋友推一下。如果家长能在家中真正爱孩子，从不打骂孩子，让孩子活得幸福，孩子内心阳光而自信，那么他身上会自带尊严的"铠甲"，任何人都不可能欺负到他。我说过，受气相是从家中带出来的，保护孩子最好的办法是家长自己不要欺负孩子。

作为家长，请在外勇敢些，别怯懦，遇到问题要为孩子挺身而出；请在家里温柔些，别打骂孩子，教师打孩子是可耻的，家长打孩子同样可耻。

经常收到家长的来信，诉说老师欺负孩子的种种"罪状"后，结尾却是问我如何给孩子做思想工作。那么多家长都是如此胆怯，根本没想过去找老师谈一谈。我给这些家长的建议是希望他们勇敢地站出来，对孩子在学校受到老师错误对待的事情不要忍气吞声。

对于一个打骂学生已经成为家常便饭的老师，必须通过外力才能使他发生根本的改变。正因为前面那么多家长忍气吞声，才造成了这些后来的孩子再次遭受折磨。

"恶老师"是家长的懦弱培养出来的。为了自己的孩子，为了以后更多的孩子去行动，这不仅是一件保护自己孩子的事，也是一项公益行为，可使数届孩子受益，更可促进其他教师的成长，促进整个校园生态环境的改善，也可促进这位老师的个人成长。

在安全教育上，家长应该拿捏好度，既不要让孩子轻信别人，也不要让孩子觉得外面的世界多么可怕，更不能进行吓唬教育。否则，在为孩子提供一层保护的同时，有可能在他们心头栽下与世界不相融合的樊篱。

07

书房是最好的学区房

语文是学好各门功课的基础，
而阅读是学好语文的唯一途径。

——尹建莉

学好"大语文"，"小语文"差不了

必须建立"大语文教育"概念

多年来，关于语文学习最糊涂的认知是把"学语文"等同于"学语文课本"，这一认知导致的后果就是，师生把大量的时间花费在学语文课本上，不重视课外阅读。学生们付出了许多精力，但到头来语文水平却依然不高。语文水平低下不但影响其他课程的学习，即使是语文本身也学不好。很多不阅读的学生在低年级时通过用功，语文成绩还不错，但死记硬背之下的好成绩不过是"虚胖"，随着年级增长，越到后来越力不从心。

为了说清楚这个事情，我认为有必要区分一下关于语文学习的两个概念，我把培养学生良好的语言文字理解能力、表达能力的教育称为"大语文教育"，把仅仅围绕课本和考试进行的语文教育称为"小语文教育"。大语文教育着眼的是能力和素质，小语文教育着眼的是考试成绩。

大语文教育远远高于小语文教育，小语文教育不过是大语文教育的一部分。学好大语文，小语文自然差不了；学不好大语文，小语文最终也不可能学好。

这些年来，很多人之所以在语文学习上对儿童有错误引导，其根结在于概念不清，把学"语文"理解为学"语文课本"，以小语文教育代替大语文教育，甚至把大语文教育和小语文教育对立起来。具体表现就是忽略阅读，只是死抠语文课本——很多教师和家长为了孩子能学好语文课本，甚至不允许孩子读课外书。这样的观念，让语文教育走入死胡同。

丰富的课外阅读助力考试成绩

小语文教育之所以无法完成语文教育的重任，是因为语文课本的文字体量太小，又大部分是短篇白话文，从小学到高中，所有语文课本加起来，文字总量还不及三部长篇小说。想要通过这么少的文字获得良好的语言驾驭能力，根本不可能，哪怕将每一篇课文都掰开揉碎地讲，也无济于事。叶圣陶就曾说"语文教材无非是一些例子"，这是对语文课本比较中肯的评价。

著名学者钱理群说："学好语文有很多要素，但最核心、最根本的方式就是阅读。"钱先生这里说的学好语文即是大语文教育。有一个事实可以证明钱先生的论断：所有杰出的作家以及各行各业出类拔萃的人，他们谈起自己的成长，十有八九会提到大量阅读带来的益处，即他们都是大语文教育的受益者。迄今为止，我们几乎看不到一个人说他的成长归功于小语文学习。

所以，学"语文"不要光学"语文课本"，必须要有丰富的课外阅读。当然，并不是只要阅读就一定会有好的考试成绩，因为考试也是件复杂的事，很多因素会影响成绩。但如果没有阅读，却可以肯定地说语文一定学不好。

语文是学好各门功课的基础

一群爱读课外书的孩子和一群不爱读课外书的孩子相比，他们的学习差异一定非常明显。

我认识一位市属重点中学的数学教师，他高考时数学满分，语文只考了92分。他原本酷爱数学，立志要当个数学家，报了北大数学系，但总分不够，最后只被一所普通的师范大学数学系录取。

他说，从这几年的教学中，他才深切地感觉到语文的重要。他们学校每年高考前十名的同学，很少有偏科的，基本上都是文理俱佳。他说他当时没考上北大数学系很不服气，现在想来，即使考上了，语文底蕴的缺失也一定会影响专业学习，因为自己的思维深度和广度比起那些博览群书的人有很大的局限性。

所以，哪怕你的孩子是个特别的数学天才，你也应该关注他的阅读。比如让他去读几本数学家传记，这可能比让他多解两本习题集更能成全他的数学梦想。

我认识的一位老师，她在班里搞阅读活动，每天留很少的作业，让孩子们回家读课外书，学生在阅读中既提高了语文水平，又感到快乐。她的做法，无论是对孩子们学习兴趣的保护，还是对他们学习能力的提高，都有良好而深远的影响。

她的学生在小学低年级阶段看不出什么，但到了小学高年级，尤其是小升初的一些考试中，就明显超过了那些死学课本的学生。她说自己对学生进行了一些跟踪调查，她所教的学生，在中学阶段学习状态都比较好，几乎没有所谓的"问题学生"。调查结果坚定了她这样做的信念。不过她也感叹，进入中学后，学生学习成绩的好坏、学习兴趣的有无，谁能把它和小学老师的作为挂上钩呢？家长只会说孩子越来越懂事了，或越来越不懂事了。又或者说孩子上中学遇到好老师了，或遇到差老师了。反正和小学老师没关系了。

有人问中国科学院院士杨叔子先生，为什么能成为院士，有什么个人因素。他回答说："重要的因素之一，是人文文化，中华民族的优秀传统文化，中国语文起了重要的直接或间接的作用。"

由此看来，想让一个孩子变得更聪明，是多么简单啊，让他去大量阅读吧！

小学语文成绩的假象

在小学确实有这么一种现象，一些孩子从不读课外书，考试成绩经常很高，而一些经常读课外书的学生，在考试中并未显出优势。

这是因为小学语文考卷一般都是围绕教材来出的，考试前紧扣教材的反复训练，确实会让孩子们在卷面上表现出好成绩。其实不少人的好成绩只是一种假象。并不是孩子们作弊了，而是这样的考试不能考查出学生们真正的"语文水平"，它只是在考查"学课本的水平"。

语文成绩假象一般只能维持在小学阶段，一旦进入中学，尤其是高中，语文考卷和课本的联系越来越弱，成绩与阅读量的相关性就显现出来了。

如果不重视阅读，死抱着教材学语文，那么学生进入中学后就会越来越力不从心，到最后在最关键的高考考场上，恐怕也难以获得好成绩。而一个语文水平真正良好的学生，他可以从容应对任何形式的考卷，高考中也不会表现得平庸。

一个语文水平真正好的学生一定是爱阅读和阅读量很大的孩子。

一封语文老师的来信

尹建莉老师：

　　您好！

　　我是您的读者。前一段时间，我看了您写的《好妈妈胜过好老师》这本书。作为一名有十年教龄的语文老师，和一名三岁幼女的妈妈，看了此书我受益匪浅。经常是看过一篇，就思考它在自己生活、工作中的可行性，然后施行。

　　我尤其赞同您第二章中关于语文学习的几个短篇里的观点。并且早在看这本书之前，我因为看了韩兴娥老师的事迹，同感于现实语文教学的枯燥讲练与乏味题海，也曾在班里开展"海量阅读"活动。

　　去年学校接受了一批新书，这个学期我正好接了四年级的一个班，担任班主任和语文老师。我从学校以自己的名义借出四五十本新书，组织孩子们阅读，耐心教给他们快速阅读的方法，鼓动孩子们对读书的热情。到现在为止，班里已基本形成了较积极的阅读风气。好些孩子一提到读书就兴高采烈的。

　　在教学上，我施行苏霍姆林斯基提到的"两套大纲"的方式，用一半的精力教授教科书的知识。在教授课文时，我只是带领学生读课文、认生字、总结主要内容，其他的该背的背，该写的写，剩下的时间，组织学生自由阅读。一个星期至少有三四堂课是花在阅读课外书籍上的。

　　但令我苦恼的是，我们班的成绩，在近几次的月考、期考中，处于落后状态。这在很大程度上影响了领导对我能力的评价和我的教育自信心。虽然我仍坚信，阅读对于智慧的开启是绝对重要的，但它不可能马上转变为成绩。现实分数的压力，让我很难受，不知应该如何调整自己的教育措施和工作心态。

我平时是个不折不扣的阅读者，自己阅读的种类也比较杂。凭着我自身对阅读的热爱，我不知道我对学生的课外阅读教学方式还能坚持多久。年级里每次考试的卷子都是各个语文老师流水判卷，为了让自己班的成绩高些，几乎每个人都在对判卷的尺度把握上存在压低他班、抬高己班的情况。但我不喜欢这么做，觉得这样做很龌龊，但不这样做自己班就会吃亏。在判卷上动手脚，几乎成了每次判卷的惯例。这样的教育环境，真能窒息所有灵性。

对于这样的现实状况，我要怎样做才能让自己喜欢的阅读活动和教学成绩两全其美，怎样鼓励自己才能更坚定心中关于"海量阅读"的理想。请您帮帮我好吗？

这位老师提出的问题我是无解的，或者说答案人人都明白，人人都无可奈何。每个人只能根据自己所处情况尽量找平衡，该坚持就坚持，该妥协就妥协。之所以把这封信呈现给大家，就是让我们看到当下语文教育的状况，看到一些老师的理想和为难。从家长的角度来说，应该努力去理解一些教师的做法，不要纠结于孩子的考试成绩，更不要为了眼前的考试成绩去阻止孩子的课外阅读。

爱读书的孩子学习能力强

　　小学，甚至初中，没有真正的学业落后，也不存在绝对的成绩优秀，一切都是可逆转的。使情况发生逆转的神奇力量就是：课外阅读。

　　有一根"魔杖"，它确实是有魔力的，哪个孩子一旦被它点中，就会变得更为聪明，在学习和才能上更有潜力。这个"魔杖"是什么，谁能有幸被它点中，这一定是许多人想知道的——请原谅我的故弄玄虚，我不是在讲童话，是在做一个现实的比喻，因为想不出比它更贴切的比喻了。

　　让我绕得稍远，从四个孩子的真实故事说起。

　　我曾和某小学五年级一个班的同学有过较长时间的接触，对这个班的学生都很熟悉。班里有四个孩子，我总不由自主地在心里把他们分为两组，然后放到一起进行对比。

　　先说前两个孩子，一个叫晓菲的女孩和一个叫小壮的男孩。这两个孩子都学习努力，考试成绩中上等，性格上既不张扬也不内向，上课不捣乱下课不惹是生非，在班里属于那种既被老师喜欢又容易被遗忘的人。

　　另一组是两个男孩子，一个叫博一个叫成。博是个极为出色的学生，门门功课优秀，能力强，还特别有思想有见地，他是我见过为数不多的几乎找不到缺点的那种孩子；成这个小男孩优缺点都明显，总不好好完成作业，成绩中等，但口才极好，总是表现得懒散，不过并不扰乱纪律。

这四个孩子引起我的注意和对比，是从他们的作文开始的。前两个孩子，晓菲和小壮的作文我看过，字写得虽不舒展但比较整齐，可写作水平很差，内容贫乏，有许多语法错误，错别字也比较多，这和他们平时还不错的考试成绩有较明显的差距。他们每篇作文都被老师要求改来改去，他们认真地改着，一遍遍地抄着，但拿第四稿和第一稿对比，仅能看出改动痕迹，看不出进步；翻到下一篇作文，水平照旧。又翻了他们其他的作业本，都分明能感受到这俩孩子的努力和他们学习上的力不从心。

我基本上能判断出他们是哪里出了问题。

我找这两个孩子谈过话。问他们的共同问题是：你经常读课外书吗？晓菲听我这样问，很不自在，告诉我说，她很想读，但她爸爸不允许，怕影响她学习，就把家里她可能看的书都锁起来。她家有一份订报纸赠送的《读者》，她很喜欢这个杂志，但每期来了，父母都想办法藏起来不让她看。小壮则表示他不喜欢读课外书，除了几本漫画书，从来没读过其他什么书。

我想这两个孩子这样下去真是可惜了，他们是这样听话，舍得用功，本该在学习上表现得更出色。于是分别约他们的家长谈了一次话，目的是希望他们关注孩子的课外阅读，从课外阅读来解决孩子学习困难的问题。

晓菲的爸爸说，孩子每天这么用功学习，成绩才保持中上等，要是再分了心去读课外书，落到中等怎么办呢？小壮的妈妈认为让小壮去阅读是又给孩子增加了学习负担，小壮一周上六个课外班和一个乐器班，周一到周日从来不休息，他家住得较远，公交车上每天来回要两个半小时，小壮每天只能睡六个小时。所以他妈妈说，绝对不能再给他增加负担了。

我告诉他们，这两个孩子现在正在读小学，每次考试成绩高几分低几分不重要，目前他们的问题是学习能力不强，这才是真正的大问题，这会严重影响到未来的学习。不上那么多课外班，不强求考试成绩，让他们有大量的课外阅读，孩子才能从根本上减轻学习负担，他的学习能力才能提高，将来才能有真正的好成绩。

我尽量把问题讲得明白，他们当时也都表示认同我的建议。但后来我再和孩子们了解，一点没变。晓菲的爸爸认为是因为家里订报纸招来《读者》，引得孩子不安心学习，把订报纸的赠品改成了牛奶。小壮本身就没有读书的愿望，他妈妈也不打算让他有这个愿望，只是打算再给孩子报个跆拳道班，理由是孩子整天学习活动量少，上这个班既能运动又能有个防身技能，一举两得，我不知她从哪里再为小壮挤出的时间。而且我还了解到，小壮所上的几个课外班中，有一个就是作文班。

和晓菲、小壮形成对比的是，博和成的作文都写得特别好，通篇几乎没有一个错别字和病句。博的字写得整洁大气，文章中总有独到的视角和素材；成虽然字写得不好，文中不时有勾画，不整洁，并且他的各篇作文水平差异明显，有的一看就写得不认真，应付差事，但有几篇是可以看出他是认真写的，透过杂乱的卷面细细读来，能感觉出才情飞扬，让人不由得心生赞叹。

我也和这两个孩子单独聊过，了解到他们都十分喜欢读课外书。博的家里有很多藏书，他读了很多，以中外名著、历史、自然方面的为主，远远超出了他的同龄人的阅读量；成的父母做生意一般不在家，他和爷爷奶奶一起生活，爷爷奶奶家没电脑，电视也基本上不开，他没事干只好去买很多书看。成读得很杂，动物、科幻、侦探、武侠等，逮住什么读什么。

这两个孩子不光作文写得好，各方面都应付得轻松自如。博是个好学生却不是个小学究，他喜欢足球，花很多的时间踢球；成虽然平时成绩不太好，但用他班主任的话说，这个孩子，聪明着呢，现在这个成绩是闭着眼睛学来的，他只要好好学三天，就能考班里前三名。

我离开这个班时，把电子邮箱给了孩子们，现在还和几个学生保持联系。他们现在已读初三了，马上要中考。博没给我写过信，但他的母亲一直和我保持联系，我们始终没见过面，通过网络交流过一些儿童教育方面的问题。博就读于一所市重点校，据他妈妈说，博现在的学习仍然很好，基于他的学习成绩和足球水平，已被确定保送到一所市属最好的中学读高中。晓菲一直和我联系，她初中就读的是一所普通中学，师资等各方面都不太好。听她说小壮、成也在这所学校，她和小壮的学习现在只能保持中等，肯定考不上好高中；但成上了初三后着急了，懂得学习了，现在是年级前几名的学生，还评了三好生。晓菲还说，她现在越来越不想学习了，觉得学习太难了。

几个孩子在学习上的发展态势大致已水落石出。

晓菲和小壮的家长肯定对孩子心生失望，他们为孩子做了那么多，孩子的成绩却不理想，在这关键时候，不知他们又会想出什么办法来帮助孩子，基本可以肯定的是，他们更不会让孩子去读课外书了——由此，基本可以预测到的是，孩子不但眼前的中考很难取得好成绩，在接下来的高中阶段，学习也不会有什么太大起色，乃至将来，他们一生的学习状态都将是平庸而困难的。

而博和成，他们的学习能力已稳定地生成，在未来的学习生活中，他们会更具主动性和把握能力。

四个孩子的故事讲到这里，我想说的问题已清楚了。

"魔杖"是什么，就是课外阅读。它有一种魔力，不显山不露水地赋予孩子不同的能量——凡从小有大量课外阅读的孩子，他的智力状态和学习能力就会更好；凡缺少阅读的孩子，学习能力一般都表现得平凡，哪怕是写作业的速度，一般来说他们也比那些阅读多的同学要慢得多。

阅读为什么对孩子的智力和学习有这么大的影响？

教育家苏霍姆林斯基对青少年阅读有很多研究，他对阅读与学习能力的关系阐述得很多也很清晰。

他说："三十年的经验使我深信，学生的智力发展取决于良好的阅读能力。"他从心理学的视角分析："缺乏阅读能力，将会阻碍和抑制脑的极其细微的连接性纤维的可塑性，使它们不能顺利地保证神经元之间的联系。谁不善阅读，他就不善于思考。"他指出缺乏阅读的坏处："为什么有些学生在童年时期聪明伶俐、理解力强、勤奋好问，而到了少年时期，却变得智力下降，对知识的态度冷淡，头脑不灵活了呢？就是因为他们不会阅读！"相比之下："有些学生在家庭作业上下的功夫并不大，但他们的学业成绩却不差。这种现象的原因，并不完全在于这些学生有过人的才能。这常常是因为他们有较好的阅读能力，而好的阅读能力又反过来促进智力才能的发展。""凡是那些除了教科书什么也不阅读的学生，他们在课堂上掌握的知识就非常肤浅，并且把全部负担都转移到家庭作业上去。由于家庭作业负担过重，他们就没有时间阅读科学书刊，这样就形成一种恶性循环。"

现代心理学对此已有很多研究和证实。梳理心理学代表人物皮亚杰、布鲁纳、奥苏贝尔等人的学习理论，可以看到关键的两点：一是思维发展与语言系统的发育有密切关系，二是学习新知识依赖已有的智力背景。"阅读"是一种以语言符号为媒介，包含有丰富的、超越现实生活内容的活动，会让阅读者的"语言系统"发育得更好，同时可以让他的"智力背景"更为丰富，从而使得他们的思维能力及学习新知识的能力更强。

做个形象的比喻：学习能力的构建好比盖房子，"语言系统"就相当于工具，"智力背景"相当于工程背景（地基勘探水平、工程设计水平、工人技术水平、施工管理水平等无形但重要的内容）。有好的工具和完善的工程背景，整个盖房子过程就是件比较轻松的事，也能保证质量；如果工具和背景都差，施工质量就可想而知了。

孩子在小学，甚至初中低年级时，仅仅依靠聪明是可以取得好成绩的，但如果没有阅读垫底，年级越高越会显出力不从心。这正如简单的建筑工程对工具及背景条件要求不高，越是宏大精美的工程，对工具及背景条件要求越高一样。

我见过几位非常苦恼的家长，他们的孩子原本学习成绩不错，学习也很努力，但令人不安的是，孩子在学习上的表现越来越不如人意。每当这种时候，我总会问一下孩子从小到大的课外阅读情况。不出所料，这些孩子基本上都缺少课外阅读。与之形成对比的是另一些孩子，小时候成绩可能并不出色，但由于他们有较好的课外阅读，却能做到后来者居上，到真正想学的时候，潜力就不可阻挡了。

小学，甚至初中，没有真正的学业落后，也不存在绝对的成绩优秀，一切都是可逆转的。使情况发生逆转的神奇力量就是课外阅读。它真的像一根魔杖，越来越显示出神奇的作用。

人们容易看到孩子变化的表象：一些孩子越来越喜欢学习，成绩越来越好，就觉得孩子长大了懂事了，很欣慰；另一些孩子越来越不爱学习，成绩越来越差，就觉得孩子怎么越来越不懂事，越来越不自觉。人们很少能看到这种表象背后的一个非常重要的技术原因，那就是课外阅读。

事实是，每个孩子都是越来越懂事了。不同的是，阅读多的孩子，学习能力强，当他有意识地主动去学习的时候，丰富的语言和智力背景就来帮忙了，较好的学习能力使他只要努力就会有成就感，这种成就感又能促使他更主动积极地去学习；而阅读少的孩子，他语言和智力背景的苍白使他学习能力羸弱，在越来越难的知识面前，在越来越多的竞争面前，他更多地体会着力不从心，他的挫折感越多，就越不自信，对学习就越没有兴趣。人是不能靠毅力和理性支撑很长时间的，他们很快表现出一路下滑的趋势，开始有意无意地逃避学习——这可能就是家长感觉到的孩子"越大越不懂事，越来越不爱学习"了。

为了让孩子聪明又学习好，父母们都在倾尽全力，从怀孕开始就忙着吃这个补那个。营养对儿童大脑发育肯定有用，但无论吃多少好东西，都只是一种加法手段。除极个别的超常儿童，所有出生后身体健康正常的孩子，他们最后在智力上的差异并不在这种物理手段上或生理因素上，而在启蒙教育上。智力启蒙最重要的手段就是阅读，它是一种乘法手段，可以让儿童的聪慧以几何级数递增。

一些教师和家长不重视孩子的课外阅读，是因为他们心里总有担心，孩子光完成学校课程学习已经很忙，考试考出好成绩最要紧，读课外书既浪费时间又影响学习，不合算。这种说法等同于在说，我急于从哈尔滨到广州开会，哪里有时间等四个小时后的飞机，火车马上开了，我得赶快去挤火车——好像是那么回事，实际上全错了。

一把相同的种子，撒到地里，有的得到合适的水分和充足的日照，有的既干旱又晒不着太阳，最后差异当然会很大。阅读就是智慧的水分和阳光。

我猜测会有一种质疑被提出来，难道经常读书的人学习就一定好，不读书的就一定不好？当然不是。我们在思考一个问题或表述一种现象时，不能把它绝对化。

如果所有文化或社会范畴中的"规律"都需要像数理定律那样有100％的准确率才可被确认成立，那么所有的社会规律都将不存在，所有的对话都无法进行。世界如此复杂，每件事情都和其他事情发生着千丝万缕的联系，所以也不能孤立地看待任何一种现象。比如"喝茶能有效预防癌症"的结论，和"爱喝茶的人也会得癌症"的现象并不冲突，因为癌症致病原因非常多，用后者否定前者是无意义的。

我不敢说爱读书的孩子学习一定好，但我可以肯定地说，从不读课外书或很少读课外书的孩子学习一定不会出色；一群爱读课外书的孩子和一群不爱读课外书的孩子相比，他们的学习差异一定非常明显。

中小学生中有一种叫"偏科"的现象，似乎对这里谈到的阅读与学习能力的关系提出挑战。尤其是一些男孩子，偏爱数理化，对语文、英语等文科类科目不感兴趣，也很少阅读，数理科目成绩却总是很好。当然也有偏科偏向语文的，语文学得很好，作文写得漂亮，数理化学得很差。比如少年作家韩寒。阅读对他们的考试成绩似乎并没有成全。

这个问题要这样理解：造成他不喜欢数理科目的原因很多，教师、家庭、天赋、同学等都可能成为影响因素。阅读当然不能强大到解决所有的问题、补救所有的不足。但有一点是肯定的，他数学成绩差，绝不是阅读造成的。这样的孩子，所幸他们喜欢阅读，无论上不上大学，他们都是聪慧的，都可以取得相应的成就。这样看，阅读于他们仍然是件幸运的事。

而那些从不读课外书或很少读课外书、数理科目学得较差、人文科目只是相对学得较好的学生，他们的情况不叫"偏科"，事实上他们的人文科目也并不出色。谁见过一个几乎不读课外书的人在文史考试中取得了优异的成绩？这些孩子和韩寒这类孩子的情况又有很大差异。

所以，无论从哪个角度讲，阅读都是重要的。由此看来，想让一个孩子变得更聪明，是多么简单啊，让他去大量阅读吧！书籍就是一根魔杖，会给孩子带来学习上的一种魔力，能让他的智慧晋级。爱读书的孩子，就是被魔杖点中的孩子，他是多么地幸运！

（本文节选自《好妈妈胜过好老师》）

修得一支生花笔

关于"妙笔生花"这个成语有个故事，说一个秀才梦到自己的毛笔头上盛开一朵莲花，梦醒后他一下就变得才情横溢，下笔如有神了。

成语反映了人们长期以来的一个愿望，也是很多人寻求解决方法的一个难题：如何能写出好文章。特别是当下许多中小学生，写作文是他们最头痛的事。假如有什么办法能解决这个问题，那这个办法一定是孩子们"梦寐以求"的。

我个人从事过十多年语文教学工作和多年的文字工作，也喜欢写作。我女儿圆圆的作文一直写得不错，在我的记忆中，她从小学开始，作文本上从没出现过一个病句，错别字也很少，成绩总是很好。尤其上高中后，她的作文经常被老师当作范文，推荐给同学们看。2007年高考时，圆圆的语文获得了140分的好成绩。据媒体报道，当年北京市文、理科近12万考生中，语文成绩达到140分以上的总共只有12人。她的作文肯定也获得了高分——这里面可能有运气的因素，但也能说明她的写作水平确实是不错的。

基于这些原因，经常有人问我，如何培养孩子的写作能力。而我总结多年来的经验，得出的却只有两个字：阅读。

我不喜欢给那些阅读经历尚浅的孩子们讲所谓的"写作技巧"。

观摩过一些教师的"作文课"，总觉得那样的课不过是教师们自娱自乐的表演，对学生的写作没什么作用。人们把写作技巧这个事弄得太复杂了，总结出了那么多方法，一些完全不会写作的教师，竟然也能把"写作技巧"讲得头头是道——这也可以反过来证明这些"写作技巧"对学生没什么用处吧。

"美"和"简单"往往是同义语。学习写作也一样，最好的技巧应该是最简单的。阅读对写作来说，是最根本、最重要、最有效的"大技"；而抛开了阅读所讲的种种技巧，最多可以称为"小技"。有了大技，小技不请自来；没有大技，一切小技都没有实现的条件。

我一直重视圆圆的阅读。从她一岁左右就开始天天给她讲故事，也许她开始时听不懂，但她喜欢听，明亮的双眸入迷地盯着我的嘴和书，不哭不闹的。到她稍大一些，能听懂后，就不断地要求我给她讲故事，每个故事都要一遍又一遍地听。不管她要求讲多少次，我几乎从不拒绝。

每个婴幼儿都喜欢听故事，都喜欢看书。如果说有的孩子表现出不喜欢读书、不喜欢听故事，一定是由于家长没及时让他接触阅读，把最好的时机错过，孩子对阅读的兴趣被其他东西（当下主要是电视、网络）取代了。

"不让孩子输在起跑线上"是当下家庭教育的流行语，每个家长都这样想，每个家长都会这样说，但为什么孩子跑着跑着就落后了，为什么失望的家长总是大多数？就因为儿童教育中许多输赢概念被搞错了。按搞错的概念去做事，当然会把事情弄糟。

在儿童早期教育中，家长们更愿意看到那些立竿见影的效果。人们热衷于把孩子送进学前班提前去学拼音、学外语，热切期待孩子每次考试都能拿好成绩，热切地给孩子报许多个课外班，培养各种才艺，他们认为这就是在起跑线上领先了。

而早期阅读做没做，暂时看不出什么差异。从学前到小学毕业，甚至到初中，课外阅读少的同学如果只针对各种考试学习，常常表现出成绩方面的优越。这给不少家长带来错觉，以为课外阅读可有可无，甚至认为它会影响学习，所以一般不会引起家长的注意。

事实上，不重视儿童阅读是早期教育中最糟糕的行为之一，从小的阅读差别才是重要的"输赢"差别。很少获得阅读熏陶的孩子，即使他们在小时候表现得聪明伶俐，成绩优良，但由于他们只储备了很少的智力能源，往往从中学开始，他们就会表现出综合素质越来越平庸，学习上越来越力不从心的趋势。这方面的艰难和困惑可能会伴随他们一生。而那些阅读量大的孩子，一般来说他们不仅从小表现出聪慧，而且在学习上有很强的爆发力。就一个人一生的发展来说，他们从小奠定了良好的阅读基础和阅读兴趣，是真正赢在起跑线上的人。

具体到写作能力的培养，更是和阅读有直接的关系。没有阅读，就不可能有写作。

阅读不仅应该开始得早，而且应该读得足够多。

当前，国家通过语文课程标准规定小学生课外阅读文字总量不少于 145 万字，初中生不少于 260 万字，高中生不少于 150 万字。即到高中毕业，一个孩子的正常阅读量应该在 500 ~ 600 万字间——我感觉这是基于当前我国的实际情况给出的一个非常保守的标准——即便是这样，它也远远高于当下绝大多数学生的实际阅读量。

据一些调查数据显示，目前我国中小学生阅读量非常低，粗略估计平均阅读量应在国家出台标准的 20% 以下。

为什么这么低？一些文章分析说，这是由于高考造成功课压力太大，"阅读动力不足"。高考现在成了替罪羊，什么板子都往这里打。我认为根本原因是孩子的兴趣问题。高考为什么没让那些沉湎于游戏的孩子感觉功课压力大，从而对玩游戏"动力不足"？

中学生不爱阅读，这是小学时形成的问题；小学生不爱阅读，是因为学前和上学后家长和学校都没有用心调动他阅读的兴趣。

假如家长们能及早培养孩子对阅读的兴趣，让阅读像吃饭一样，成为孩子生活中非常自然地存在着的一部分，到高中毕业读几百万字就是件非常自然的事。一个喜欢读书的孩子，阅读对他来说哪里有"压力"，他从中体会的就是吃饭或玩游戏般的简单和享受，你不想让他读他都不情愿。

圆圆从小学二年级开始读长篇小说，此后一直未间断阅读。在离高考只有三四个月时间的寒假中，她仍然在繁忙的学习间隙中读了大约 40 万字的文学作品，这对她来说不是增加了负担，而是一种放松和补充。

粗略地算一下圆圆的阅读量，到高中毕业，应该有 1500 ～ 2000 万字。这对爱读书的孩子来说并不算多，许多喜爱阅读的孩子的阅读量甚至能几倍于此。

学习语言最重要的是建立语感。她已千万次地见识过流畅的句子，建立起了良好的语感，积累了丰富的词汇。语感好，词汇丰富，写出的句子自然没有毛病。

大量阅读赋予孩子的，不仅是正确表述的能力，还有创作才华。圆圆的作文经常闪现出令人惊叹的才气，我甚至会产生自叹弗如的感觉。她高一时偷偷写的小说有一次被我无意中看到，文笔的流畅和老到很让我吃惊。因为我一直以来看的都是她写在作文本上的东西，那毕竟只能叫习作，不能叫创作。我当时觉得，她如果将来想吃文字这碗饭，也是有可能的。并非圆圆有什么特别的天赋，别的孩子达到她这个阅读量，也会有良好的文笔。

我国语文教育长期以来总是做得很别扭。

教学从不敢跳出语文书的框框，教师和学生都花费大量时间、精力对课文和句子进行"肢解"。段落大意、中心思想之类老掉牙的教学方法尽管一再遭遇声讨，到现在仍然是中小学教学方法的主流。每本薄薄的语文书都要无端地占用孩子们整整一学期的时间，这实在是巨大的浪费。语文教师不重视学生的阅读，把本该最有趣的一门课弄成最枯燥无味的课，我不止一次地听到孩子们说，他讨厌上语文课，更讨厌写作文。

我们的先辈，汉唐宋明清那些文人墨客，他们灿若星河的名字和作品形成了人类史上怎样的文化辉煌，可他们哪个人是通过花了多年的时间去分析别人文章的段落大意中心思想、学语法、改病句后学会写作的？传统被抛弃后，我们到底供奉起怎样的一个东西，并要它来统治一代又一代孩子们的语文学习？！

几十年的事实其实已经证明，漠视课外阅读，想引导语感尚未成熟的中小学生通过学习语法写出结构正确的句子，通过分析别人的词采写出漂亮的句子，这是在绕远路，在隔靴搔痒。可以肯定的是，在缺少课外阅读的前提下，语文书教不出学生的语文水平，作文课也不能教会学生写作文。

一条数学定理一旦被理解，就成为你自己的知识，可以马上应用，取得立竿见影的效果。写作是一种开放性的、千变万化的活动，外部知识转化为自己的能力有很长一段路要走。任何写作"技巧"在理解上都没有难度，都是容易的，但吸收是难的，应用更难。尽管现在中小学作文课被讲得花样百出，许多教师在讲课上确实是花了心思的，就课堂本身来说也没什么问题，甚至可以说有些课讲得很精彩，老师在修改学生作文上也没少下功夫，但如果没有学生大量的阅读做铺垫，这些活动就是把稻种撒进了沙漠，没什么意义。

对于写作技能还比较幼稚的人，尤其对于低年级学生，学习写作一定要首先回到阅读中。好的作品中本身就包含着高超的写作技巧，阅读过程就是学习写作技巧的过程。书读得多了，写作技能自然会形成——古人早就总结出来了，"读书破万卷，下笔如有神"。

通过阅读提高写作能力，表面上看这是个漫长的过程，实际上它是最经济、最有效、最省心的办法，是真正的"捷径"。

但最简单的事情往往最难做到，急功近利的心态让许多人失去判断力。很多家长一直不重视孩子的阅读，却又想让孩子在短时间内学会写作文——市场需求就这样形成了。

现在报纸杂志上不时看到能让孩子作文速成的广告宣传，什么"四维网格学习法""爆炸作文法""一周全拿下法"等。我见识过几个所谓的让孩子当场学会写作文的"能人"，他们采用一些现场调动技巧，引导学生搭起一些思路框架，以常规教学中惯用的强制性的手段推动学生填词造句，看起来效果真是不错，学生真的现场写出了一篇作文。可接下来呢，没有老师在旁边给搭架子，没有老师的强行引导，学生自己就不知所措了，既没词又没句，培训班结束后学生的水平还在原地踏步。

写作和做人一样，是个长期修炼的过程。采用一些蝇营狗苟的技巧，利用几天的工夫，绝不可能教会孩子们写作文。

前几天还有个"三天学会写作文"的工作人员给我打电话，我不知他们是从哪里得知我的情况的。他们知道我女儿圆圆语文高考成绩好，而我本人做过多年语文教师又会写作，就希望我去现身说法。我说对不起，我女儿三天学不会写作，她是用十几年来学习的。我教了十多年书，也没练出三天教会孩子们写作文的能耐来。

在这里我还特别想说的是，写作从来不仅仅是文字的事情，它更是思想认识上的事情。文字所到之处就是一个人的思考所到之处。阅读的意义不仅在于让孩子具有良好的语言文字能力，还在于它能丰富孩子的心灵世界，提高他们的认识水平。

一个从阅读中经历了古今中外各种社会生活，经历了漫长历史发展，倾听了众多智慧语言，分享了无数思考成果的孩子，他不仅在思想上更成熟，在价值观上也更完善——这是做人的根本，也是为文的条件。

那些心灵苍白、思想空洞、没有成熟价值观的人，纵使有一肚子精彩词句，他也没能力摆弄出有灵魂的作品来。许多教师和家长都在批评孩子的作文"不深刻"，可文章中的"深刻"是一个人思想认识水平的刻度，如果孩子从未或很少从书籍中分享前人的社会生活经验、他人的思想成果，以他小小的年纪，有什么办法能"深刻"呢？

每一部书都可以让孩子从中经历一些东西，学到一些东西。杜威、陶行知等伟大的教育家都特别强调从生活中去学习。而每个人的生活都是有限的，不可能事事亲自参与，阅读实质上就构成了儿童对生活的参与性，构成了他们经历上的丰富性。

凡古今中外那些世代流芳的经典作品，不论它的内容是什么，其中一定包含着真善美的东西。这些真善美影响着一个人的价值观和思维方式，当然也影响着一个人的写作。你是什么样的人就会说什么样的话，你有怎样的思想意识，就会写出怎样的文字。

一个不阅读的人是蒙昧的，一个不阅读的家庭是无趣的，一个不阅读的民族是浅薄的。政府提倡素质教育，可现在一提及素质教育，人们总是想到琴棋书画类的"小技"，最恶俗的，如用打高尔夫球培养"绅士风度"，用跳校园集体舞培养"艺术气质"。

为什么没有人想到推广普及阅读呢，可能是阅读不容易造势，不容易很快形成让人看得见的"成果"吧。教育部以语文课程标准的形式规定了中学生必读的 30 本中外名著，哪所学校把这当回事呢？有多少家长知道这回事呢？

无论从调查数据显示，还是从我们的常识来看，当前中小学校图书馆 90％ 以上都是名存实亡的。也就是说，孩子们几乎不可能从学校借到他们想要读的书。

孩子对于我们来说是唯一，他的成长不能等待，所以当下这个缺陷必须由家庭尽快弥补。家长们与其高兴了领孩子吃麦当劳，不如领着他去逛书店；与其用手机、随身听装备孩子，不如在他书桌上常放几本好书。特别是那些发愁孩子不会写作文，想花高价给孩子报速成班的家长，把那些钱用来给孩子买书吧！请花些心思，引导孩子发现阅读的乐趣，让他视阅读为一件和看电视、玩游戏一样有意思的事吧！

孩子的阅读就是最好的修炼过程，润物细无声地滋润着他的潜能，总有一天你会惊喜地发现，孩子手中的笔已不知在什么时候发芽，开出了芬芳的花朵。

（本文节选自《好妈妈胜过好老师》）

写作文的最大技巧——说真话

有一次我到一个朋友家，她发愁正在读初二的儿子不会写作文，问我怎样才能让孩子学会写作文。我说先看看孩子的作文本。小男孩很不情愿的样子，能看出来他是羞于把自己的作文示人。直到男孩和小伙伴们去踢球，他妈妈才悄悄把他的作文本拿来。

第一篇作文题目是《记一件有趣的事》。小男孩酷爱足球，他开篇就说他认为踢足球是最有趣的事，然后描写他踢球时的愉快，球场上一些精彩的细节，还穿插着写了两个他崇拜的球星。看起来他对这些球星的情况了如指掌，写得津津有味，如数家珍。

男孩的这篇作文写得比较长，语言流畅，情真意切，还有一些生动的比喻。看得出他在写作中投入了自己的感情。虽然整个文章内容与标题框定的外延略有出入，总的来说属上乘之作。我从头看到尾正要叫好时，赫然看到老师给的成绩居然是零分，并批示要求他重写。

我万分惊讶，不相信作文还可以打零分，况且是这样的一篇佳作。

赶快又往后翻，看到男孩又写了一篇相同题目的。他妈妈在旁边告诉我，这就是在老师要求下重写的作文。

这次，"一件有趣的事"变成了这样：踢球时有个同学碰伤了腿，他就停止踢球，把这个同学护送到医务室包扎伤口，又把同学送回家中，感觉做了件好事，认为这是件有趣的事。这篇文章的字数写得比较少，叙事粗糙，有种无病呻吟的做作。老师给出的成绩是 72 分。

朋友告诉我，这一篇内容是儿子编出来的，因为孩子实在想不出该写什么。但凡他能想到的"有趣"的事，除了足球，都是和同学们搞恶作剧一类的事情，他觉得老师更不能让他写那些事，只好编了件"趣事"。

我心中隐隐作痛，仿佛看到有人用锤子蛮横地砸碎一颗浑圆晶莹的珍珠，然后拿起一块石子告诉孩子，这是珍珠。

既然我不能去建议学校让这样的老师下岗，只能希望男孩运气足够好，以后遇到一个好的语文老师，那对他的意义将是非同小可的。

有一次，我在北师大听该校教授、我国著名的教育法专家劳凯声先生的课。他讲到一件事：小时候母亲带他到杭州，他第一次看到火车，觉得非常惊奇，回来兴冲冲地写篇作文，其中有句子说"火车像蛇一样爬行"——多么形象，那是一个孩子眼中真实的感受——却被老师批评说比喻不当。这很挫伤他，好长时间不再喜欢写作文。直到另一位老师出现，情况才出现转变。这位老师偶然间看到他的一首诗，大加赞赏，还在全班同学前念了，并推荐给一个刊物发表。这件事给了他自信，重新激起他对语文课和写作文的兴趣。

学者的童年也有这样的脆弱，可见所有孩子都需要正确教育的呵护。假如劳先生遇到的后一位老师也和前一位一样，那么当前我国教育界也许就少了一位学术领军人物。

这个男孩能有劳先生的运气吗？

有句话说，世上最可怕的两件事是"庸医司性命，俗子议文章"。前者能要人的命，后者能扼杀人的激情和创造力。

现在害怕写作文和不会写作文的孩子非常多，老师和家长总在为此发愁，除了埋怨和批评孩子，有多少人能从作文教学本身来反思一下，从教师或家长的身上寻找问题的根源呢？

有个上小学三年级的女孩，她父母工作很忙，家里请了保姆。有一次老师布置作文题《我帮妈妈干家务》，要求孩子们回家后先帮妈妈干一些家务，然后把干家务的体验写出来。

女孩很认真地按老师说的去做，回家后先擦地、再洗碗，然后在作文中写道：通过干家务，觉得做家务活很累且没意思。平时妈妈让我好好学习，怕我不好好学习将来找不到好工作，我一直对妈妈的话不在意。现在通过干家务，觉得应该好好学习了，担心长大后找不到工作，就得去给别人当保姆。

这个刚开始学习写作文的小女孩，她说的话虽然谈不上"高尚"，但是真心话。可这篇作文受到老师的批评，说思想内容有问题，不应该这样瞧不上保姆，要求重写。

小女孩不知如何重写，就问妈妈，妈妈说：你应该写自己通过做家务体会到妈妈每天干家务多么辛苦，自己要好好学习，报答妈妈。小女孩说：可是你从来不干家务，我们家的活全是阿姨在干，你每天回家就是吃饭、看电视，一点也不辛苦啊。妈妈说：你可以假设咱家没有保姆，家务活全是妈妈干。写作文就要有想象，可以虚构。

教师和妈妈的话表面上看来都没错，但她们没珍惜"真实"的价值，曲解了写作中的"想象"和"虚构"，这实际上是在教孩子说假话。虽然主观用意都是想让孩子写出好作文，却不知道她们对孩子的指点，正是破坏着写作文中需要用到的一个最大的"技巧"——"说真话"。

　　之所以说"说真话"是写作的最大技巧，在于说真话可以让人产生写作兴趣，发现写作内容，即想写，并有东西可写——没有这两点，写作就是件不可想象的事。

　　写作激情来源于表达的愿望，写真话才清楚自己想表达什么，才有可表达的内容，才能带来表达的满足感。没有人愿意为说假话去写作。无论日常生活还是写作，说假话总比说真话更费力气，难度更大，并且虚假的东西仅仅带来需求上的满足，不能带来美的愉悦。

　　如果孩子在写作训练中总是不能说真话，总是被要求写一些虚假的话，表达自己并不存在的"思想感情"，他们的思维就被搞乱了。这样的要求会让他们在写作中不知所措，失去感觉和判断力，失去寻找素材的能力。于是他们遇到的最大问题就是——不知该写什么。

　　不说真话的写作，使学生们在面对一个命题时，不由自主地绕过自己最熟悉的人和事，放弃自己最真实的情绪和体验，力不从心地搜罗一些俗不可耐的素材，抒写一些自己既没有感觉，又不能把握的"积极向上"的观点。这可以解释为什么目前中小学生有这样的通病：在写作文时没什么可写的，找不到素材和观点，拼了命去凑字数。

　　这样做出来的作文可能符合"规定"了，但它的负面作用会很快显现出来——不愉快的、做作的写作让孩子们感到为难，感到厌倦，写作的热情和信心被破坏了。这可以解释为什么现在有那么多孩子讨厌写作文。

　　现在中小学作文教学花样何其多，作文课上，老师会告诉孩子很多"写作技巧"。但那些都属于"小技"的范畴，最大的技巧"说真话"却总是被忽略，甚至被人为地毁坏着。当一个人干一件事时，如果没有"大技"只有"小技"，他是既干不好也干不出兴趣的。失去"大技"，其实连"小技"也难以获得。

尽管教师在讲"作文技法"时都会讲到写作要有"真情实感"，可学生在实际写作中很少被鼓励说真话。来自教师、家长和社会的"道德说教"意识仍强有力地控制着学校教育，从孩子开始自我表达的那一天，就急于让他们学会说"主流话语"，却从不敢给他们留下自我思考和自我表达的空间。教师对作文的指点和评判，使学生们对于说真话心存顾虑，他们被训练得面对作文本时，内心一片虚情假意，到哪里去寻找真情实感呢？

文以载道，文章可以反映一个人的思想境界和品德情操，中小学生的作文训练也确实应该肩负起孩子们思想品德建设的责任。正因为如此，中小学生的作文训练首先应该教会孩子真实表达、自由表达，然后才谈得上"文字水平"与"思想水平"的问题。把孩子引向虚饰的表达，既不能让他们写出好的作文，也达不到思想教育的目的。

当孩子把真实表达改变为矫情表达，他就开始去说言不由衷的话；当孩子把自由表达拘束在大人提出的框框里，他的内心就开始生长奴性思想；当他为作文成绩而曲意逢迎时，他就在磨灭个性，滑入功利和平庸……这些对一个人的思想品德建设又何尝不是破坏性的呢！

鲁迅说过，流氓就是没有自己固定的见解，今天可以这样，明天可以那样，毫无操持可言。从小的流氓语言训练，是会养育出流氓的。

正常的写作其实是个自我思考的过程，所以也是在思想上自我成长的过程。一个孩子面对一个命题能进行独立的思考，他的思考是自由而诚实的，他就会找到自己想表达的内容，他心里就会有很多想说的话，不用为了凑字数而写些空洞无物的话，动笔时就不会发愁。如果一个人的成长环境并没有使他堕落的因素，他绝不会因为在作文中可以自由表达而变得思想不健康，而思想的成熟自然可以带来写作上的得体。

我在对圆圆的作文辅导中，一直向她灌输诚实写作这一点，所以她在作文中一直能流露真性情。

记得她上初中时，有一次学校搞一个母亲节感恩活动，要求每个孩子在周末回家时，给妈妈洗一次脚，然后回来写一篇文章，谈自己给妈妈洗脚的感受。

这个"命题"的用意一目了然，它要求学生们写什么其实已摆明了。在这之前我就听说别的学校搞过这样的活动，这之后也听说过某些学校在搞。

大家为什么这么热衷于"洗脚"呢？联想到前几年每到"学雷锋"的日子，就有人上大街给人免费擦皮鞋，享受服务的人多半是来占小便宜，靠擦皮鞋维持生计的人则可怜巴巴地看着生意被抢——这简直是对雷锋精神的亵渎！

我觉得"洗脚"和"擦皮鞋"这两种"创意"背后，总有什么相同的东西，这个东西让我感到不舒服。

圆圆回家对我说了这事后，我能看出她也有些为难。

平时我们很愿意配合学校做一些事情，这次这个事比较别扭，我们心照不宣地都有些不想做。我对圆圆说：妈妈还这么年轻，也很健康，为什么要你来给洗脚呢？哪怕我老了，只要自己能干，洗脚这个事也不愿别人代劳。人与人之间可以互相帮助，互相关爱，但只有一个人需要帮助时，我们才有必要去提供帮助。关爱的方式得体，才能给被关爱者带来快乐，否则的话不如不做。

圆圆小小的心可能还是有些困惑和为难。我就跟她分析说：如果妈妈在工作或生活中需要经常翻山越岭地去走路，双脚的劳动具有特殊的意义，而且回家累得不想动，你给妈妈洗洗脚是有意义的；现在妈妈每天乘车去办公室，大部分时间坐在椅子上，双脚并不比我的双手更辛苦，也不比我的脸经受更多风吹雨淋。这样看来，给妈妈洗脚还不如给妈妈洗手、洗脸呢——可是，这有意义吗？

圆圆觉得我说得有道理，但她还是顾虑作文该怎么写。我于是问她：你认为学校搞这样一个活动的用意是什么？

她说是让孩子理解妈妈、体贴妈妈，通过给妈妈做事来表达对妈妈的爱。我又问她，那么你想做一件事向妈妈表达爱吗？她点点头。

我笑了，像平日里经常做的那样，双手把她的脸蛋掬住，用力往中间挤，她的鼻子就陷在了两个凸起的脸蛋中，嘴像猪鼻子一样拱起来。我亲亲她的小猪嘴说，今天晚上妈妈和爸爸都不加班了，现在我最想咱们三个人一起到外面散步，你好长时间没和爸爸妈妈一起散步了吧。圆圆愉快地说好，我们就一起出去了。那段时间我们三个人都很忙，这样的悠闲还真是难得，正好可以一边散步一边把这段时间积攒的话聊一聊。

回来后，我对圆圆说，如果人人都写自己给妈妈洗脚，由此感悟出应该孝顺妈妈，那就太没有新意了。你今天晚上其实也孝顺了妈妈，因为你放下作业，不害怕浪费时间，陪爸爸妈妈散步，这是让妈妈感觉最享受的，也是我眼下最想要的，这真的比洗脚好多了。

圆圆由此感悟出孝顺妈妈的方式可以多种多样，重要的是有真情实意。

我平时总告诉圆圆，写作文时，尤其面对一个命题作文时，要调动自己的诚意。因为题目来自老师，乍一看题目，可能自己一下找不到感觉，不知该写什么，那么在动笔之前一定要问自己：就这个题目或这方面内容，我是如何理解的，我最想说什么，我有和别人不一样的想法吗，我最真实的想法到底是什么。

出于思维习惯，她很快找到了写作的内容和想法。我后来看她这篇作文，她如实地写出了自己面对这个题目的感受，写了妈妈和她的交谈，写了我们以散步代替洗脚以及她自己感悟到的东西，文中也表达了对妈妈的尊敬和爱。她写得很诚实也很流畅。

后来学校召集家长开会，教导主任谈到这一次活动，很动情地谈到两个调皮的孩子通过活动出现了转变，以说明这次活动达到了很好的效果。那两个孩子都是写他们给妈妈洗脚，发现妈妈的脚那么粗糙，长满了厚厚的茧子，他们因此很心疼妈妈，决心以后好好爱妈妈，用好好学习来报答妈妈。

因为教导主任念的只是这两个孩子作文中的片段，我没了解到孩子们作文的全貌。我想，如果两个孩子的妈妈都是由于特别的原因，为了工作或家庭让她们的脚受了很大的苦，长出了那样一双脚，那是应该感动孩子的，孩子写出的也是真情；可如果他们的妈妈和别人的妈妈没什么两样，只是因为她们喜欢穿高跟鞋、喜欢运动或不注意脚部护理，那么妈妈的脚凭什么能激起孩子那样的感情呢？脚上的老茧和母爱有什么关系，脚保养得好的妈妈就不是吃苦耐劳的妈妈吗？真担心孩子们在无病呻吟，说虚情假意的话。

当代著名学者、北大中文系教授钱理群先生认为，说与写能力的训练，首先还是要培育一个态度，即要真诚地表达自己真实的思想与情感。他批评当下教育中"老八股""党八股"依然猖獗，并且合流，渗透到中小学语文教育中，从儿童时期毒害青少年，这会后患无穷。他认为这不只是文风问题，更是一个人的素质和国民的精神、道德状态问题。他忧心忡忡地指出，学生在写作中胡编乱造，说违心话，久而久之，成了习惯，心灵就被扭曲了。

写作中的虚构与虚假是完全不同的两回事，它实质上是有想象力与缺乏想象力的区别。基于真情实感的虚构，是具有想象力的美的东西；虚假的文字是缺少真情实感和想象力的勉强之作，不会有美在其中。

"当你要求儿童说出自己的思想的时候，要保持审慎而细心的态度……应当教会儿童体验和珍藏自己的感情，而不是教他们寻找词句去诉说并不存在的感情。"

在写作中"说真话"开始是意识问题，到最后就变成了习惯和能力问题。如果一个人从小就被一些虚假训练包围，那么他就可能丧失说真话的习惯和能力，不是他不想说，是他已经不会说了。要恢复这种能力，也需要下很大的功夫。当代著名作家毕飞宇说，写作"首先是勇气方面，然后才是技术问题"。写作中说真话的勇气，在孩子越小的时候越容易培养，耽搁了，也许一辈子也找不回来。

当我们苦苦寻找"写作技巧"时，其实技巧多么简单——写作时请首先记住"说真话"。给孩子灌输这一点，它的意义超越了写作本身。就像钱理群先生说的，"培养一个人怎样写作，在另一个意义上就是培养一个人怎样做人"。

（本文节选自《好妈妈胜过好老师》）

家长问答

孩子爱阅读，为什么语文成绩却不高？

老师你好，我的孩子现在小学三年级。你书中说阅读可以提高语文成绩，我孩子很爱阅读，可是语文成绩却很一般，中等水平。他的一个同学从不阅读，语文成绩总是很好，经常满分。这是怎么回事呢？

对于小学低年级的学生来说，语文成绩存在较大的"水分"，考卷上的成绩并不能真实地反映学生的语言文字水平。造成这种现象的原因很简单，就是小学低年级的语文试卷一般都是紧紧围绕教材来出题的，死记硬背的内容占有很大的比例，试卷无法考查学生真实、全部的语言掌握能力。

你的孩子虽然现在语文成绩一般，但他储备了能量，过几年优势就会逐渐显现出来。如果不阅读，哪怕现在每次考试都得满分，那也令人担忧。所以，考试尽力就可以了，阅读不要放弃。另外，阅读对孩子人生的成全是全方位的，学习成绩仅仅是一小部分，作为家长你有这样清晰的认识，才不会在孩子的语文成绩上纠结。

该不该指出孩子作文中的问题？

对孩子写的作文，该不该指出问题？该不该认真批改呢？我发现即便是先表扬一番，只要指出不足的地方，孩子就会显得情绪低落。也不能只表扬吧，如果发现问题不指出来，是不是有些不负责任，也不利于孩子写作水平提升？请尹老师指教！

没必要指出来，因为你孩子的反应已说明。他情绪低落，说明你的话打击了他。且不说你可能评得不对，即使评得对，方式也有问题。这种情况下，还是闭嘴为好。

你担心不指出问题是不负责任，你想多了。孩子的文章写得有"问题"，那不仅仅证明他是个孩子吗，哪个孩子的作文能写得完美？写作和做数学题不一样，因为作文是边界模糊的东西，判断好坏会有很大的主观性，改正也不易。首先是家长的判断不一定对，其次是即使孩子听了你的点评，也不一定能真正吸收。写作的进步不是靠点评，而是靠大量的阅读和练笔。与其指出孩子作文中的"问题"，不如想办法保护好孩子的阅读兴趣和练笔兴趣，比如对孩子的作文只说好不说差，让孩子有写作自信和兴趣。鼓励孩子写日记或写其他小随笔，写得多了，自然水平就会提高。

孩子爱阅读，但写不好作文怎么办？

我的孩子平时很爱阅读，但是写不好作文，因为老师说他写得不好。最近这一次孩子确实用心写了，自己好像很满意，可老师不满意，让他修改。孩子好像有点受打击，也很抵触，我不知道该怎么劝他。请尹老师教教我该怎么办。

孩子自己觉得写得好，那就是好，不用听老师的，你要重新看看孩子的作文，不管你的感觉如何，都告诉孩子："这次确实写得真好，老师的评语不对，他大概没有认真看。妈妈认真看了，不需要修改。"

不要否定孩子的写作，一次都不要否定，要努力从孩子的作文中找到优点，而不是问题。哪怕全篇作文都是问题，只有一个词用得好，那就只说说这一个词，别的什么都不用说。希望你理解我这样说的用意。

作文需要修改吗？

孩子四年级，老师在课堂上念了一些同学的作文，然后布置作业：大家回去继续修改自己的作文。其实孩子并不明白自己的作文要改哪里。一篇作文老师一般要求改两至三次，作文真的需要改来改去吗？

中小学生的作文不需要修改。反复修改不但不能提高学生的作文水平，还浪费了孩子们的时间，更会磨掉孩子们写作的灵气和热情。

我一直反对修改作文，我自己作为语文老师，会有意识地让学生多写一些东西，多练笔，但从不要求他们修改。我女儿高考语文几近满分，作文一直写得不错，我对她的写作培养中就有"不修改"这一条，哪怕老师要求修改也不修改。这让我女儿一直不讨厌写作，每次写作都是一次成形，所以高考场上才能一气呵成地写出高质量的作文。

孩子不喜欢写日记怎么办？

女儿八岁，喜欢阅读，但不喜欢写作，现在二年级，刚开始写日记，完全不喜欢写。我倒不要求孩子写多好，可老师对她期望很高。我很为难，孩子也为难，写得很敷衍，不知道有没有好的办法让她爱上写日记？

写日记是不错的练笔，但也要孩子有能力去写、愿意写时再写。你孩子才二年级，就要写日记，这太早了，就像要求才学会走路的孩子百米赛跑一样。既然孩子不喜欢，就不要写了，和老师沟通一下，请老师允许孩子不写。不要让孩子活在老师的期望中，要让孩子活在轻松快乐中。

一本书需要重复读吗？精读是否能提高写作能力？

尹老师，我的儿子今年九岁，他很爱阅读。只是有一点我有点困惑，孩子的阅读到底需不需要重复？他看过的文字书从来不会再看第二遍。我看到一些专家说阅读需要精读，我也在想，如果只读一次会不会只关注了情节，并没有细致理解这本书？他目前作文水平也很一般，这和他不精读有关吗？

除非是孩子自己愿意，否则不要重复，不要精读。重复和精读就可以提高写作水平——没有这事——以后凡这类你自己也不太明白的观点，不要轻易套用到孩子身上。

在孩子阅读的事情上，建议你"不作为"。只要孩子热爱阅读、能持续大量地阅读，就已经很好，说明家长做对了。写作也同理，孩子能去写、喜欢写就很好了，家长不要期许太多，焦虑太多，干涉太多，"不作为"是最好的。

我读初三了，现在开始阅读晚了吗？

我是一个初三的学生，阅读量少得可怜，几乎没有，成绩也一般。请问：我现在加强阅读晚吗？我的成绩还能提高吗？

阅读任何时候开始都不算太晚，你才初三，十三四岁，当然不晚。只是，我不希望你把阅读和成绩联系得这么紧。

现在开始阅读，我不能肯定它对你的中考有多大的作用，能让你增加多少分，很有可能不但没加分，还因为占用时间，让你的分数更少些。阅读不是佛脚，不要急时才抱。

如果现在备战中考，学业压力很大，阅读的事可以暂时放一放，等中考结束后，离高考还有几年，你可以从容地开启阅读旅程。

阅读将来可能会对你的考试有用，但考试不是阅读的目的。去品味每一本书本身的美，从书中去见识更广阔的世界，你会发现有比考试成绩更重要的收获。希望你能坚持阅读，书读得多了，自然会喜欢上阅读，这会对你的人生有所成全。

"每个成功者都是阅读者"，据说这是比尔·盖茨说的，但不管是谁说的，说的都是一个真相——阅读的功能。这样"功利"地想一想，倒也可以。

阅读的频率应该是多少？

29个月大的男孩，阅读频率应该是多少？每周读几次？

"29个月，频率多少，每周几次"——你的问题太精确了。

孩子是人，不是机器，吃饭睡觉都无须量化，阅读更不需要量化。从你短短的问题里面，我感觉你对孩子的管理过于精细了，这样的思维模式对于培养孩子非常不利，提醒你注意。

怎样做才能让孩子学习和阅读平衡发展？

在女儿一岁多点的时候我就天天晚上给她讲故事，这样一讲就是六年，直到她上了一年级，那时她已经认识了不少字。加上后来也学会了拼音，她很快就完全能够自己独立阅读，而且非常自觉和喜欢，因此我也算是卸掉了一个担子。

见到许多家长为自己的孩子不爱看书苦恼，而我的孩子已经很自觉地自主阅读了，起初我还沾沾自喜。然而，我现在苦恼的是她对阅读的兴趣大大超出了我的想象，以至于令我倍感担忧。

我觉得她在写家庭作业中的磨蹭、各种理由和借口，都是为了能偷着看书。她做任何事，哪怕仅有五分钟的空闲时间，她都不是在玩而是在看书。目前她已经是小学五年级的学生了，马上面临小升初。我想请教下，怎样做才能让孩子学习和阅读平衡发展，怎样做才能让她控制阅读时间，让她有节制、有计划地阅读课外书，也分出点时间给英语阅读？

孩子如此爱阅读，首先我要恭喜你，其次提醒你不要追求"完美儿童"。

儿童没有做得完美的时候，不可能事事兼顾、面面俱到，当她在一件事上已做得很好的时候，就不要再苛求她在另一件事上也让你满意。孩子能量有限，需要慢慢成长。即使是成年人，你能做到平衡各种事情，把几项重要的事情都处理好吗？比如工作和家庭，娱乐和学习。所以你的"让孩子学习和阅读平衡发展"的设想就是无理要求，是得寸进尺的心理。

信任孩子，让她自己安排自己的时间和精力，如果她阅读量足够，内心阳光，自然能学会"学习和阅读的平衡"，不用你催促，哪个孩子不希望自己有个好成绩呢？请不要再对孩子的学习和阅读"指手画脚"，不要让她为了应付父母的要求而分散宝贵的精力。

至于英语学习，我认为首先学好母语是最重要的，学不好母语也就学不好外语。就你孩子的情况，建议你把英文绘本或小说引入到孩子的阅读中。不管母语还是外语，阅读都是学习语言的最佳途径。另外，平时可以放一些英文歌曲，看一些英文动画片，听一些英语广播，对熏陶孩子学习英语也很有益。

尹建莉育儿观

育儿只需静待花开

家长掌握着孩子的命运。任何改变孩子的打算，都必须从改变家长自己做起。家长教育理念上的"一念之差"，可以让孩子的命运"千差万别"。

童年时代的每一种体验都可以在生命中留下痕迹，教育孩子没有"小事"，每件小事都是深刻影响着他成长的大事。每件小事都是最初抓在手心中的那把雪，可能滚成一个硕大的雪球，对未来形成巨大的影响。

孩子在各个学习时期所要解决的主要矛盾不一样，就现阶段我国的教育体制来说，我认为小学阶段主要解决学习兴趣的问题，初中阶段主要解决学习方法的问题，高中阶段拼的才是勤奋。

我不认为各种各样的"敏感期"的提法有什么价值和意义。一棵麦苗从它成长伊始到颗粒饱满，各个时期都不同，哪一天不是敏感期？同理，一个人从他出生到他死亡，年年月月都不同，哪一天或哪个阶段不是敏感期？我信任一粒种子有它内在的秩序，不去界定它，也不扰乱它，尊重它的每一天、每个时段，该施肥施肥，该浇水浇水，然后静静地欣赏它，静待其开花结果，这就够了。

人是何等丰富的生物，"意识"这种既找不到血管又找不到细胞的东西，人类只能观察到它如何表达，无法控制它的发生。一个人的意识一旦形成了，再靠人力或药物来改善，非常困难，正如蒸好的馒头很难改成包子一样。

"弱者相信命运，强者创造命运。"这句话告诉我们，每个人的命运都掌握在自己的手中，很多人之所以宁可相信算命人都不相信自己，都是缘于内在的无力感。

家族中的教育模式是通过代代模仿得以传承和延续的，经常看到几代人都在重复相似的恶劣教育方式，每代人都在承受着同样的痛苦和磨难，直到有一个人醒悟过来，从此斩断了这根链条。

如果你能做出内在的改变，那么生活必然会跟着做出改变，你将生活在你选择的状态中——没错，幸福是自我选择的一个结果，并不是命运的结果。生活境况就像镜子里的人像，你是照镜子的人，如果你想让镜子里的人微笑，那么你必须先微笑；如若你一脸恨意，镜子里的人如何能笑出来呢？人生没有不得已的命运，命运是河流，难免有激流和险滩，你是船夫，完全可以掌控自己的命运。

人生的终极目的就是找到自己

人世间有太多的无奈和悲凉，生离死别也许就在朝夕之间发生。人生无常，珍惜生命的最好方式不是筑些"小堤坝"抵挡"大洪水"，而是尽情享受当下的生活。爱家人，爱自己，爱出现在生命中的每个人；爱每一天，爱每一朵花，爱每一个小动物；爱每一餐，爱每一杯茶……生命中若充满爱，宇宙间的"吸引力法则"就会生效——你心中的爱与善会形成最高级别的保护装置，带给你最好的保护。

从本质上来说，人生没有意义，每个生命都是从无中来到无中去，此生的最大价值在于体验。对，是体验，而不是其他。听起来有些消极，但内涵并不消极，这并不是说人生不该精彩，不该奋斗，而是提醒我们关注当下、活在当下，要尽可能活得坦然快乐，没必要过分苦自己。

人生的终极目的就是找到自己，一个人在多大程度上找到自己、成为自己，就在多大程度上获得了幸福。

正因为有死亡在前方等待，它时刻提醒我们，用心享受和孩子相处的每一天，享受每一餐饭、每一本书、每一份工作、每一次旅行，依恋亲人、珍惜生命最好的方式是好好珍爱当下的生活。我们迟早会死去，趁我们还活着，好好地做自己，好好享受生活吧。

害怕死是人的本能，"珍惜生命"其实不需要去教育。如果一个人没有痛苦到极限、害怕到极限、绝望到极限，他是不会去自杀的，孩子更是这样。孩子并非不知道死了就活不过来了，他们自杀的动机和成年人是一样的——当活着比死了更痛苦，他会选择去死，以寻求解脱。

世界上所有宗教的最终目的都是救赎人的灵魂，让人找寻到生命的真义。这本是一个非常美好的愿望，但很多人达成的手段和方法却是表面化的，是刻舟求剑、南辕北辙。如果修行止于每日念经、拿个居士证、烧香敬拜等这些外在的形式，不过是向那"指月之手"跪拜，却错过了瞭望明月的机会。

宗教的终极目的，是引导人们去认识自己，忆起自己的真实身份，灵魂找到家园——追逐外在的形式总是容易的，认清内在的自己却需足够的胆量和勇气——这很难，这是真正的修行。唯有真正理解了自己，你才能真正爱上自己，而不是爱上别人眼中的那个自己。那么你才能爱上你的孩子，继而真正爱上所有的人，真正达到"以德报怨"的境界。

　　生命是用来追求幸福和快乐的，不是用来背负痛苦和忧伤的。正因为人生无常，肉体随时会离去，它才时刻提醒活着的人们，不要辜负当下美好的时光。趁我们还活着，应该尽情去追求梦想和快乐。

08

阅读和成长的故事

阅读的功能在于"熏陶"而不是"搬运"。
眼前可能看不出什么，
但只要孩子读得足够多，
丰厚底蕴迟早会在他身上显现出来。

——尹建莉

　　这是三位妈妈写的三个孩子的阅读故事。三位家长都成功地培养出了孩子的阅读兴趣，她们的做法值得借鉴，一些细节搬来就可以直接使用。

　　几位家长的做法虽然表面上看不尽相同，但背后运用的原则是相同的。文稿也不一定是写得最好的，但都有价值，分享给更多的家长。基本上保持原貌，只在文字上做了简单梳理。感谢这几位家长。谢谢你们。

不经意种下阅读的种子

作者：青青

我女儿今年 12 岁，还有一个月就要升初中了。

不管作业有多少，她回家的第一件事就是阅读。阅读是女儿最幸福、最享受的事情。她经常是一手拿吃的，一手拿书。虽然我希望她不要在吃东西时看书，但看着孩子沉浸在阅读的幸福之中，真不忍心打扰啊！

作为一个即将结束小学学习生活的孩子，女儿成绩中等，却收获了满满一柜子的书，爱上了阅读。我认为这比单纯的成绩优异更重要。

经常听到这样的说法：我们苦心引导孩子阅读，可他就是不喜欢，你也没对你女儿的阅读下更多的功夫，怎么你女儿那么喜欢呢？于是有人认为我女儿应该是天生对文字感兴趣，稍加引导就喜欢阅读。

我想，没有什么是天生的吧，喜欢阅读的种子可以在不经意间种下，我可能只是很幸运地比别人多做了一点点。

听出来的小书虫

从女儿不到一岁开始，每次睡觉前我都会放点音乐哄她入睡，不承想竟然形成了习惯，不听睡不着。到她再大一些，我开始放童话故事给她听，没想到这变成了她的习惯，每晚必听，听的内容也越来越丰富，不仅有故事，还有儿童百科等。听和读应该是相通的吧，即便她在幼儿时期没有看绘本，但她听了很多东西，到五岁左右第一次接触到《幼儿画报》，很容易就喜欢上了，然后就开始一本接一本地看。

女儿上小学后，我给她买了第一本小说《尼尔斯骑鹅旅行记》，文字量较大，她也完全不排斥。女儿上小学二年级的时候，我无意中接触到尹建莉老师的《好妈妈胜过好老师》，第一次明白了阅读的重要性，于是给她买了她阅读生涯的第一本纯文字小说《窗边的小豆豆》。当时她不怎么喜欢，我也没说什么，就把这本书扔一边，也没当回事。有一天，我自己没事干拿起来看看，觉得很好，就随意地对女儿讲了一下这本书，没过多长时间，就发现女儿开始看这本书了，并且没想到一看就着迷了。从此，女儿的阅读"正式开始"了。

虽然有了阅读陪伴，但女儿从小养成的"听"的习惯始终没变。现在每晚听着什么东西睡觉已经成为她的习惯。她听的内容非常广泛，有唐诗宋词、古典音乐、历史小说、英语故事等，有时新学期的语文课本也先听听。女儿听东西的时间并不仅限于睡觉前，吃饭、外出路上、旅游出行都会随时听。我从没在意她听没听进去、记住多少，这些都不重要。那些音频对我们并不是知识，而是家庭生活的背景音乐。但事实证明，这些零碎时间的"听"也能带来意想不到的收获。比如有一次，老师在课堂上问谁知道苏轼的《水调歌头》，女儿不但知道，还把大部分诗句背了出来。她课堂上背东西也比别的同学容易，可能是因为听过的东西总会在她头脑中留有一些痕迹，以后一旦接触，她就比别的孩子更容易记住。

女儿的眼睛和耳朵从来闲不住，必定有一个在"阅读"，这对她来说从来不是任务，只是乐趣，就仿佛她天天都在听相声、看动漫一样，所以她天天都过得非常快乐。

家长要做的是给孩子自由

在没有接触尹老师的书以前，我曾经犯过一些错误。给女儿买的书她一会儿就看完了，就央求我再给她买。我总是要她讲出书的内容是什么，记住哪些内容，才肯给她买第二本。其实这样的方法只会打击孩子看书的热情。所幸这样的时间很短，看了尹老师的书后，我对她的阅读再不监督、不过问、不强制。后来，女儿看完一本书喜欢主动给我讲，我想不听都不行。

有人说"书非借不能读也"，但我一般都是给孩子买书看，女儿的书80％都是买来的。买还是借，我觉得要因人而异。我女儿有一个好的读书习惯，一本书经常喜欢多看几次。第一遍，先过过瘾，快速看一遍，然后不定在什么时候会看第二遍、第三遍……每读一遍，她都像第一次读，非常投入，非常入迷。而且，女儿遇到喜欢的书就想自己拥有一本。尽管我家是普通家庭，收入不高，但只要女儿喜欢的书，我都尽量满足她，买回来。借的书要还回去，而买的书就像女儿的伙伴一样每天陪伴着她，在她需要的时候，随时拿出来与书为伴。当然，每个家庭情况不一样，不管借书还是买书，只要适合孩子就行。

营造一个阅读的好氛围。我们家随处都可以看到书，客厅专门摆放了一个书架，但家里的每个房间都有书，餐桌上、沙发上、床上，随时都能看到书。这倒不是我特意放在那里，而是女儿随手看完就放到那儿了。这一方面是因为她随时随地会去阅读，二是因为她真心不爱收拾东西呀！我要做的就是愉快地接纳。

我从没有直接告诉孩子要读哪些书，只把自己认为比较好的书放在家中明显的位置，有时间我就看，诱惑她一下，很多书她就是这样拿起来的，有的喜欢，一口气看下去，有的看看还是不喜欢，我都不说什么。我自己也注意多读书，当我们要求孩子读书的时候自己却在玩游戏、刷手机，怎么可能让孩子爱上阅读呢？

什么书都看，也总有时间看

受尹老师的启发，女儿的早期阅读以小说为主，阅读习惯稳定下来后，开始看科学、探险、天文、植物等方面的。她阅读内容的扩展和我的引导有关。比如她喜欢天文，除了直接讲天文学的书，我又给她买了刘慈欣的"三体"系列。说实在的，我都不一定能看懂，好在她爸爸喜欢，就和孩子一块看，他们讨论的时候我只有听的分了。她不太喜欢历史，我就买了《三国演义》的连环画，后又下载《史记》《资治通鉴》的音频，出去旅游路上我自己听，女儿顺便听听。渐渐地，她听着也感兴趣了，开始看《三国演义》连环画，后来感觉内容太简单，我就趁势建议她看《三国演义》小说。现在她时不时地拿起这本大部头书来看看，还和她爸爸一块讨论。

只要是好书，女儿都喜欢看。《穆斯林的葬礼》是我上学时看过的最喜欢的书之一，上学时不舍得买，借来看。现在买了一本放在床头，不知从何时起，女儿竟然抱着书看开了，还和我讨论里面的故事情节。那么厚厚的一本书，她是怎么看进去的呢？我想，这就是一本好书带给孩子的吸引力吧。什么是好书我也没有什么概念，只是流传下来几十年甚至几百年的经典读物必定是好书。

女儿的阅读品位现在比我还高。比如尹建莉老师的《好妈妈胜过好老师》，说句惭愧的话，女儿看的遍数比我还多。她很喜欢尹老师的书，《最美的教育最简单》也看了几遍。有次，我们和朋友一块出去玩，朋友夫妇没有带孩子，他们的孩子大部分时间跟老人在一起，他们总说自己工作太忙了，没时间管孩子。我女儿直接就说了一句："尹老师说了，父母不带孩子就是渎职，阿姨应该看看尹老师的书。"

偶尔，女儿也会看"低俗"图书。比如进入五六年级的时候，女儿突然迷上了校园流行文学，在我看来这些书就像是没有营养的垃圾食品，可女儿不但要看，而且还要买来看才过瘾。我有点不情愿，也曾经和女儿为此争执。后来，有一天女儿突然对我说，那些校园文学的书其实并不怎么好看，只是好奇，看着玩玩。还调侃说，天天吃大餐偶尔吃个快餐调节一下嘛！听女儿这样说，我才发现，自己对孩子的不信任真是杞人忧天，令人惭愧。女儿已经有了一定的阅读基础，自然有鉴别力，就像人具有了健康的机体、自然的抗感染力一样。从此，我完全信任她的选择，再不干涉她看什么。

有些朋友说孩子没有时间看书，学习太紧张，可是女儿却总能找到看书的时间。她现在小学六年级，为了小升初应试，我们也报了课外学习班，但是女儿照看不误。课间休息、吃饭的时候、外出等车时，甚至刷牙的时候，都是她的阅读时间。比如出门穿鞋时，她坐在地上，一只脚穿袜子，另一只脚踩着书看。看电脑的时候手边也要放一本书，因为我们家的电脑运行太慢，等的工夫就可以看两眼。

她这些行为似乎有些夸张，但对她来说却十分自然。只要女儿特别想把这本书看完，她总是能利用这些零碎的小时间。所以，说没时间看书，那是因为不够喜欢。喜欢看书总能找到时间。

女儿不但爱看书，而且也和大多数孩子一样喜欢看电视、玩游戏。每周的"跑男"是必看的，往往看一遍不过瘾，在电脑上再看一遍。最近，她特别喜欢日本的动漫片，电脑游戏想起来就玩玩，有时都顾不上玩。我们家的电脑也从来没有设过密码，女儿想什么时候看都行，但印象中她好像从来没有对哪个游戏痴迷过。女儿曾经说过，不让看电视可以，不让玩电脑也行，就是别不让她看书，那可是她的"软肋"呀！我感觉已经没有什么诱惑能够夺走她对阅读的喜爱，阅读就像一粒种子已经深深地种在她的心中。即便女儿已经如此喜欢阅读，不需要父母引导了，我和爱人仍然坚持自己的阅读，因为我们已像女儿一样，深深地爱上了阅读。

好的阅读习惯远胜于暂时的考试成绩

都说爱阅读的孩子理解能力好、学习习惯好、成绩好，可在我女儿身上怎么就没有体现出来呢？我因此就有点坐不住了，尤其是女儿在四五年级的时候，每天放学抱着书就看，作业总是很晚了才开始做，作业质量还不高，成绩也不理想。我没有去审视自己的教育问题，却抱怨女儿没有时间观念，只想着看书。为了让女儿回家先写作业，不知和女儿吵过多少回，曾经有一次我扬言要把所有的书都锁起来。现在想想，幸亏我没有那样做，因为如果不让她读书，她宁可干别的，也不会认真写作业。

那段时间，我往往是一边和孩子吵，一边在网上看到好书还是忍不住给女儿买过来。想到以前对女儿造成的伤害我就觉得好心痛。还好，我没有太自以为是。出于尊重孩子的考虑，我还是选择了让孩子自由支配看书和写作业的时间。有时实在想说，也只是点到为止，再没有因为写作业和孩子发生冲突。我需要做的就是做好自己，继续给孩子买书，让孩子自由读书，和孩子一起看书。我牢牢记住的一点就是，阅读习惯比考试卷上的成绩重要。

阅读是一个持之以恒、日积月累的漫长过程，即便错过了最佳的培养时期，也是一个从当下就可以开始的美好旅程。曾看到这样一首诗，分享出来作为结尾。

你或许拥有无限的财富
一箱箱珠宝与一柜柜的黄金
但你永远不会比我富有——
我有一位读书给我听的妈妈

最好的启蒙教育是陪伴和阅读

作者：赵爱平

今天，上小学的女儿以班级第一的成绩得到了一张奖状和老师不吝褒奖的评价——开篇就讲这个，不是为了显摆自己的女儿，是想跟大家分享一下我的育儿经验。答案其实很简单，就是陪伴和阅读。

孩子的阅读越早越好，甚至可以早到出生前

我女儿的阅读始于出生前。我们还没见面，她就开始听音乐、听故事了。怀孕时，由于家里常常就我一个人，我就经常拍着肚子和女儿聊天，给她听柔和的音乐，读书给她听。奇迹也就这样出现了，到她出生后，每次哭闹，只要一放她出生前听过的音乐，立马就不哭了。

她断奶前都是我一个人带她，白天家里就我们娘儿俩，我就天天跟她聊天，放之前的音乐，读书给她听。我们有时会去她奶奶家住几天，奶奶在墙上给她挂了两张识字挂图，经常是她和奶奶在炕上，奶奶拿个痒痒挠儿指着挂图教她，她跟着读，小模样好玩又可爱。女儿还不到一周岁就会说话，而且说得挺清楚，会叫爸爸、妈妈、爷爷，还会喊小狗乐乐。到她一周岁多时，就能把那两张"宝宝识字挂图"

上的字词读出来。现在，那两张识字挂图还在奶奶家的墙上，已成为一件美好的纪念品。

在她很小的时候，我就经常给她买书。她会把一本书来来回回看几次，看过几遍后就撕掉。我们也不管她，看和撕都是学习，想撕就撕呗，或许撕书也表达了她对书的喜欢。就这样，阅读似乎天然地成为女儿的爱好，她一直喜欢看书，也喜欢买书，经常要我带她去书店，我每次都满足她，只要她喜欢，我就买，不管是贴纸书、连线书，还是涂色书，我都买。她的阅读热情很高，我因此专门给她办了个读书会员卡。

我记得她才四岁时，就喜欢读书。小小的人坐在大大的椅子上，用小手一个字一个字地指读着，那模样极为可爱，所以总是会引来或惊奇或羡慕的眼光。大家都问："这么小的孩子，认识字吗？"当发现她真的识字后，人们又会惊讶地问："她几岁了？"女儿的阅读热情就这样被鼓励和保护着，到她幼儿园毕业时，读过的书已有 200 多本。

想要孩子阅读，必须要孩子"悦读"

孩子一直喜欢阅读，这应该和我一直非常注意只让她体验到阅读的快乐有关。在她看来，阅读是一种游戏，和玩拼图、看电视一样，阅读不是"学习"，更不是累人的任务，所以她一直乐此不疲。

她两岁四个月就上幼儿园了，当时他们幼儿园用的一种读物我记得叫《帮我早读书》，书上有很多的小儿歌。女儿很喜欢这些儿歌，每天放学，她坐在车后座上，高兴地背着当天学的儿歌："滑滑梯，你上我下，不拥挤……"我在前面蹬着自行车，边走边让她教我。这样，我跟着小女儿居然背会了不少儿歌。

女儿不满足于路上给我背儿歌，进家门后还喜欢拿出书给我"读"儿歌，其实当时她并不认识上面的字，只是把儿歌都背下来了，然后小手一个字一个字地指着读，就好像她真的识字似的。有时她会少指一个字，却没读错，偶尔也会指这个读成那个，我也并不指出来。我想，没关系，她这么小，只要她感觉读这些儿歌很快乐，有成就感，这就够了。为了让她更喜欢背儿歌，我和她经常比赛背儿歌。我把她还没学过的儿歌从网上下载并打印出来，晚上躺在床上比赛谁背得快。往往是我输，有时是真输，有时是假输，我的目的就是让女儿高兴，保护她读儿歌的热情。

在玩耍中快乐学习

对于识字，女儿也很喜欢，因为识字对她来说也一直是玩。有一次，幼儿园举办的一个"字宝宝比赛"，她得了第一名！其实，她和我在家已多次做过游戏，比赛过读字宝宝——就是小字卡，有一百多个字，看谁用时最短、认字最多最准确。我女儿最后能快到28秒读完这些字！

到女儿三岁时，她不但读绘本、背诗，居然还"写诗"。我记得她写的一首诗是这样的：下雪了，下雪了，雪花飘下来了，落到地上，落到车上，全白了……她经常这样发挥，我也每次都认真地欣赏她的作品，还把她的诗记在一个小本子上，这给女儿带来了很大的成就感和快乐。这导致她经常"诗兴"大发，作完一首诗，总会歪着小脑袋看着我说："妈妈，我的诗好听吗？帮我记着点，回家我们一起写在本子上。"女儿的诗在别人看来可能什么都不是，但真令我陶醉，我总是把这诗郑重其事地抄到小本子上。有时她也会有兴趣把这些诗自己抄下来，但当时她太小了，根本不会写字，我就拿着她的手，歪歪扭扭地把那些字"画"出来。到女儿上二年级的时候，她居然开始写小说了。自己弄了一个小本子，已写了三个半故事，每个故事都不少于200字。

女儿的幼儿园离我家大约一公里，我俩经常走路回家，这一段路成了我俩的"文学之旅"，或背诗，或作诗，或说绕口令，边走边学边笑。有时我们两个练习绕口令，说着说着结巴了，笑得前仰后合。到她四岁上中班时，她已能够背长诗。比如毛泽东的《沁园春·雪》，那么长，她听了两遍就差不多能背下来。她还喜欢边走边认广告牌上的字，要和我比看谁认得多。当然，我也会故意输给她，她就很有成就感，把妈妈打败了。那段时光现在虽然已过去，却时常让我回味，感受着美好。女儿现在上三年级了。我们的亲子阅读依然继续着，现在参加人员多了，爸爸也加入了进来，还多了妹妹在一旁捣乱。持续几年的阅读给她的小学生活带来了很大帮助。

爱阅读带来学业上的轻松

识字带来优势。一开始上一年级，很多小朋友因为不认识字，而不会自己读题，老师或家长如果不给孩子读题，孩子基本上读不懂题。我女儿识字，我就告诉她什么是题目要求，如何读题、审题，所以她一般写作业或考试时，都是自己读题。记得她上一年级第一学期期中考试，学校老师是通过喇叭读题的，女儿说很多孩子听不清语音，不会做题，但是她可以自己读题，很快就做完题了。

阅读量大有助于提高孩子的理解力和接受能力。苏联教育家苏霍姆林斯基在《给老师的建议》中曾经说过："学生读书越多，他的思维就越清晰，他的智慧力量就越活跃。"女儿上一年级时，每天都是我接送她。在学校大门口等她时，时常听到家长讲，孩子对时间的认识及钱币元、角、分的换算特别费劲，有的说给孩子讲半天就是不明白，气得把孩子打一顿，有的说把钱拿出来算也是理解不了。我当时真的不理解，心想有那么难吗？为什么我没听女儿讲这些事情？我怎么不知道？因为女儿只要听课就会了，根本没有向我"请教"过。当时我还以为是我这个做妈妈的太不关心孩子的学习了呢。

后来有一次，我和女儿去邻居家玩，邻居家有一个小女孩叫亚亚，亚亚正在做作业，她爸爸就对我女儿和亚亚说："来，我给你俩出题，看你们谁做得快。"他出的就是元、角、分之间的换算和计算，开始他出的一年级的题，很简单，我女儿很快就能口算出来。他有点不信，因为亚亚学习也不错，但没有我女儿算得这么快，于是他就出类似这样的题：7元6角1分减5元8角6分，还剩多少钱？我女儿只是稍微思考一下就算出来了，她还偷偷在我耳朵边上说："妈妈，我把7减5，再把剩下的钱都化成分，减去86分，就算出来了。"当时亚亚爸爸惊讶地说："你闺女数学不错嘛！没难住她。"我当时只是笑笑，没有多说。其实只要家长管得紧或是孩子听话，孩子在小学低年级学习上差不了多少，但是随着年级的升高，阅读量大的孩子就比较占优势了。尤其是上了中学，增加了物理、化学，这些科目都是需要理解力的。

阅读越多，"好处"越多

阅读得越多，知道得就越多。知道得越多，接受能力就越强。女儿上小学后有科学和自然课，有时老师会提问些问题，只有我女儿一个人知道。有一天放学她特高兴，问她为什么，她告诉我："今天在课上，老师问谁知道我们的国家叫什么名字，我们属于哪个洲。小朋友有的说在中国，有的说在山东。只有我知道我们国家叫中华人民共和国，是在亚洲。全班小朋友都给我鼓掌。"还有一次他们上音乐课，要学一首少数民族的歌，老师就问我们国家有多少个民族，也是只有我女儿知道，她当时还列举了几个少数民族的名称。类似这样的事情还有很多，也是因为她的出众表现，老师才知道了班里有她的存在。刚开始上学时，女儿实在太默默无闻了，老师都几乎不知道有她的存在，有一次老师叫住她说："你怎么这么安静？都快考试了，你要积极点。"从老师知道她的存在到后来很喜欢她，再到她学习更有动力，是阅读带动她越来越爱学习。

再到后来，女儿开始读长篇小说，如《列那狐的故事》《西游记》《小王子》（尹老师翻译的《小王子》刚面世，我就买了回来推荐给她）。女儿读到喜欢的章节，还会讲给我们听。女儿讲的时候大都是用自己的语言来表达，我心想：这不就是最好的复述吗？复述就是二次创作呀！

因为女儿阅读广泛，功课学得非常轻松，她没读四年级，从三年级直接升到五年级。跳级后，她继续按照自己的节奏"悦读"着。看到喜欢的书，她每天都会自己安排出时间静静地享受，看到喜欢的情节，也会过来和我分享一番，和我讨论书中的人物——或许这就是最真实的读后感吧，原来写作文可以无师自通！

　　有时，老师要求阅读的书目女儿不喜欢，我们就不买，如果考试卷上有那些书中的内容，女儿因此而丢分，我和她爸爸都不会介意，因为阅读不是为了考试。我们的态度让女儿的阅读非常纯粹，阅读仅仅是阅读，不为积累好词好句，不为写好作文，不为了考试得高分。女儿的阅读从来不掺杂功利色彩，但语文成绩却一直不错，跳级后也没有明显下降，120 分的题，依然能考 100 分以上。

漾漾的听读史

作者：洛花小径

我女儿漾漾再过两个月就五周岁了。

尹老师第一本家教书《好妈妈胜过好老师》2009 年刚出版，我就买了，我应该是尹老师最早的一批读者之一，那时孩子还没出生。因为这本书，我们夫妻俩的育儿观提前达成了统一，在孩子出生后也一直比较一致，所以说阅读首先是对家长有益。也是因为这本书，我更加了解了阅读对于幼儿的作用，以及好阅读和坏阅读之间的区别。

在女儿六个月的时候，我给她读第一本童谣绘本《小燕子，穿花衣》。她到一岁半的时候，就能坐在我的腿上专注地听完一整本《团圆》。她复述的第一个故事我记得是《荷花镇的早市》。她听完的第一本长篇小说是《绿野仙踪》。从"小熊布迪"这套书里面，她知道可以通过写信来表情达意，于是经常口述，让我来帮她写信给外婆。她三岁多的时候创作过一首小诗《看云》：

一朵白云天上飘呀飘

飘不动了

睡在树梢上

变成一只鸟

　　她得到一个小本子，说要拿来写小说，名字叫《妈妈是真爱我》。

　　"人是用语言来思维，语言的清晰度和思维清晰度完全正相关，带着孩子尽早进入阅读和背诵会给孩子带来深远的影响。"基于尹老师的这些理论，我从一开始给孩子选书，就注意挑选一些经典书籍，比如《彩色世界童话全集》60册，这套书插画配图出自大师之手，最关键的是翻译的语言很美，没有拼音，每一个故事都比较长。这套书里面的第一本《丑小鸭》被漾漾撕过，她那时候才几个月大，与书刚刚建立起"撕"的链接。我让她撕，等她撕完后，我让她看着我把能找到的碎片补回去，整个过程轻松愉快，没有一点点对孩子的说教或指责。我觉得这个补回去的动作很好，之后她再也没有撕过书。并且知道书坏了就要修修，看到有些书页因为翻的次数太多快要掉落了，也要求我补回去。补过的书变厚了，但没减少它的美好，被我们一起看得破旧的书和补过的书似乎更有亲切感，拿在手里非常舒服。

　　不时地遇到有人问我怎么给孩子选书，我觉得根本不用考虑该选长的故事还是短小的，选外国的还是中国的，等等，只要考虑孩子喜欢不喜欢就行，所以我给漾漾买的书很杂。比如《小小自然图书馆》，40册，里面全是讲动物植物的，每篇几百字，图片唯美，是漾漾很喜欢的一套书。我还选择了经典漫画《父与子》《一休的故事》《三毛的故事》。在讲《父与子》的时候，漾漾是听完一个又一个，遇到好笑的地方，我们一起抱着肚子在床上打滚。讲《三毛流浪记》的时候她会悲伤不已，有时还会哭。

　　漾漾也是喜欢看动画片的小孩，她会要求我把她喜欢的动画片的书买来看，我买过《蓝精灵》《海底小纵队》等，我认为这完全可以，是非常有益的补充。

还有一部分是和中国传统文化相关的书，古代神话故事、唐诗宋词、《笠翁对韵》等等。这些都是穿插着读，或者以做游戏的方式读。

我也下载了"凯叔讲故事"的 APP，在里面买童书或者凯叔讲的故事，"尹建莉宝宝市集"里面我觉得比较好的书籍也会买，或者是偶尔看到动心的也会买，就是处处留意。当孩子的阅读已经变得和吃饭喝水睡觉一样平常，你就不会愁给孩子买什么样的书了，观察孩子的喜好和理解能力自然会有答案。

所有的书或音频故事，她喜欢听就多听几次，不喜欢就放一边。有的书她要反复看，有的却放很长时间才会再拿起来。反正就看她最近的兴趣在哪里，顺着她的意思就可以。

最近一年，我有意识地给她讲一些长篇故事，我是有意识地帮她过渡，但是她接受起来却很自然，毫不费力。尹建莉老师翻译的《小王子》，还有《多莱尔的希腊神话书》、经典童书《窗边的小豆豆》《灯塔之家》5 本、《猫的旅店》《夏洛特的网》《傻狗温迪特》《爱德华历险记》《绿野仙踪》《匹诺曹》《织梦人》《教堂老鼠的大冒险》等等。她对这些篇幅较长的书很痴迷，可能是她有了前面的阅读基础，就慢慢喜欢听更多的内容、更丰富的细节和更完整的故事。

我有时还会给她说说我最近在看什么书，甚至把我读的书的一些片段读给她听。

以前读绘本的时候，我们经常无限重复一本书，我不嫌麻烦，只要她想听，就不断地重复。自从读了篇幅较长的书后，她的需求就变了，喜欢读完一本就换一本新的，所以她现在总是在听一本书时对我说："妈妈，等这本念完了，我要听那一本了！"我现在给她读的书，平均一本书 20 万字，一两个星期读完。漾漾的睡前时间一般就是这样被故事给填满的。即便有时上床睡觉的时间已经很晚，她也要求不能省略讲故事时间，不然就要哭，哪怕讲一小段也是好的。

我和她爸爸决定，即便是到了她会自主阅读的时候，只要她不拒绝，我们还是会继续读给她听，直到她完全不需要我们的阅读陪伴。我觉得，亲子共读根本不应该成为家长们抱怨的"辛苦"，这长长的阅读时间会成为孩子温暖的儿时回忆，也是我们作为父母享受到的幸福时光。

我很少用到尹老师教的"指读法"，我会指读书皮封面上的大字，里面的小字就不指读了，因为读的速度很快，若是指读速度会很慢，但是在路上或者别的地方看见大字，我们都会给她念一念。

我观察到，在我们给漾漾读书的时候，有时候虽然她在玩别的，好像没有听，但其实一直在竖着耳朵听，哪里念错了，她就会给你纠正。我从不要求她认真听，一般我都是把自己沉浸在故事情节里，自己去享受故事。但有时会偷偷瞄她一眼，觉得她就是一只穿了睡袋的兔子，耳朵竖着听的样子好萌。有时候读到一些文字写得很好，我自己也觉得很有趣，也很想知道后面发生了什么。这个时候观察漾漾，发现往往也是她表现得最兴趣盎然的时候。

到目前，女儿还不能自主阅读，但阅读的好处已开始显现。她思维活跃，表达口齿清晰，使用的词语往往让人感觉出乎意料，同时又蛮准确的。最初听到她的一些话语我们还觉得有点惊讶，后来就习惯了，理解了这只不过是一种正确教育方式结出的果实，为此感觉非常欣慰。

谢谢尹老师！

（这几年在和家长们的交流中得到了很多类似的故事，大部分没收藏，很可惜。以上三个故事是在整理这部书稿期间看到的，正好收入本书，出处可能有的不准确。这几位作者如果尚未和本书作者建立联系，请在看到后通过尹建莉工作邮箱联系：yinjianli2014@163.com 谢谢。）

尹建莉育儿观

名人谈育儿水平高低难测

现在有一种现象是名人谈育儿。经常有演艺界、体育界或学术界的一些知名人士在公共媒体或自媒体上谈自己如何教育孩子，或是谈自己对当下儿童教育的看法。基于名人的影响力，这些节目往往收视率较高。

名人大多有过人之处，其专业精神值得大家尊重和学习。但名人谈育儿不一定专业。我有几次在媒体上看到一些名人谈如何教育自己的孩子，他们的思路显然不对，做法也有问题。但因为当时他们的孩子尚小，后果还没呈现，或者虽然有的人的孩子已长大，但问题隐蔽得比较深，外人从表面上看不出来，甚至名人自己都看不出来，所以名人作为父母特别自信，认为自己做家长就像搞专业一样牛，可以成为榜样，侃侃而谈。

名人在某一方面成功了，只代表他在这个领域、这个专业方面出色，不代表他在育儿问题上有真知灼见。事实是，就教育的专业性来说，他也是普通家长。尤其是如果他把自己在事业中的严谨、求胜心、控制力搬到对孩子的管理上，那么他不但是普通家长，还可能是不合格的家长。

就像听一个专业木工谈如何当一名好厨师一样，普通家长听名人谈育儿，其内容质量如何，所传达的"育儿观"对不对，应该进行客观的分析。

木工当然也可以把饭做得很好吃，但如果他要像专业大厨一样去给别人讲课，就要先掂量掂量。各行各业都有术，术业有专攻。育儿这事不但需要"术"，更需要的是"道"，即智慧。

考量一个人在育儿方面是否悟道，要回到教育学和儿童心理学的层面进行考量。考量的着眼点是，他是依自己的经验在"术"的层面说话，还是回到人类共有的天性上在"道"的层面说话。

而要判断是"术"还是"道"，只需把自己代入到他们的孩子的角色上体味一下——父母褪去名人光环后，剩下的部分，尤其是和自己相处的部分，自己是不是愿意接受。

给孩子定规矩的虚假逻辑

我们要判断一种教育观点是虚假的还是真实的，只需"以子之矛，攻子之盾"，看宣扬者反应如何。

说可以适当打孩子的人，找理由去踢他一脚试试；

说孩子的压岁钱要扣下来，干家务才能慢慢给的，把他的奖金或讲课费扣下来慢慢试试；

说必须给孩子立规矩的，给他制定些规矩，必须每天按时回家，不能玩手机，见了人要主动打招呼，饭桌上必须吃够多少饭多少菜，工作业绩必须拿到前三名……这样一番试下来，看看他的感觉如何。

人类有一种自虐倾向就是特别喜欢一些能唬住自己的东西。如生涩的学术著作、读不懂的诗歌、看不明白的画作、煽动性的演讲，以及被包装得高大上的粗鄙说辞等等。

价值观稳定，逻辑一致，这是有效思考和理性判断的基础。我们常说的"己所不欲，勿施于人"，是思考和做人的底线。任何时候，判断自己是否陷入了虚假思维，只需问问：我是否愿意别人这样对待我自己？

身心松弛，允许一切发生

长期的压力一部分来自生活层面，一部分来自心理层面。

生活层面的压力，可能源于在选择某事时没想到它是"长期"存在的。一旦发现某事已成为"长期压力"，就要考虑改变自己的生活方式，从压力中解脱。这里需要注意的是自己"既要……又要……"的心理。放不下"既要又要"的贪念，就不可能从压力中走出来。能够在"既要又要"中减轻压力的方法就是停止抱怨。停止抱怨本身就是减轻压力的一种，如果最终能重新定义压力、拥抱压力，压力就变成了动力，只是能做到这一点的人太少了。

心理层面的压力多半来自比较心和求完美心，这是"长期压力"的真正来源。心理减压是不管做什么都尽量做好，不糊弄人，但最大化地放下比较心，放弃求完美心。允许自己活得不如别人"成功"，允许自己的事业不长进，允许自己一直住小房子，允许自己的孩子比隔壁老王家的平庸……

如果一个人能允许一切发生，并真正从内心接纳一切，既不向外过分用力，也不向内和自己较劲，压力自然变得很小。压力很小的人生本身就是一种成功，心是松弛的，身体也是健康的，并且非常有可能获得世俗意义上的一些"成功"。

和孩子相处，切忌"耍心眼儿"

很多人和孩子相处时，喜欢耍心眼儿，恩威并施，打一巴掌揉三揉。也有一些家长喜欢父母分工，一个唱红脸一个唱黑脸，认为这样既能管制住孩子，又不至于让孩子感觉缺爱。

这些机巧毫无教育价值可言，仅仅反映了成年人的分裂。

不要故意对孩子"恩威并施"，不要对孩子耍任何心眼儿，要永远言行一致。

希望孩子成为一个好人，不是口头告诉孩子"要做好人"，而是要做个好人给孩子看。

如果家长因为孩子犯了错就打骂孩子，过后又用各种理由证明自己打得对，或用其他办法来补偿内疚，自己就是个两面派。

曾经有一对事业成功的父母为他们的儿子来找我。在他们的嘴里，儿子很不成器。概括他们前后的陈述是这么几条：一、我们无条件爱孩子。二、我们对孩子的教育没有问题。三、我们作为榜样没问题。四、孩子在任何事情上都没有自控力，一点不上进。

我问了这对夫妻几个问题：第一，既然无条件爱孩子，怎么就向孩子要求自控力呢？这不是条件吗？第二，既然你们的教育没问题，说明是孩子天性不行，而天性来自遗传，孩子遗传了谁呢？谁该为遗传负责呢？第三，如果遗传不能怪父母，那就只好怪老天爷了，老天爷设计的东西，小孩子自己能改变吗？你们要他改变自己，是要他比老天爷还厉害吗？

如果这对夫妻踏实地思考我提出的问题，诚实地面对自己，他们就能发现自己的陈述里必定有虚假。不是他们故意说谎，是他们根本不了解自己，或者做不到对自己诚实。而能够弥补"不诚实"缺憾的，唯有爱。只要对孩子有真爱，虚假的念头和行为自然无法产生。

附录

推荐给孩子的书单

古今中外的优秀图书浩如烟海，而阅读像吃饭一样，不同的人有不同的口味，众口难调；同时，时代在进步，不同年龄段的人、不同阅读基础的人，对图书的选择也大相径庭。挂一漏万，拿出一份被所有人认可的权威书单是件非常困难的事。但考虑到很多读者对图书市场比较陌生，或是很希望知道我比较看好哪些书，所以在这里还是列一个书单，仅供参考。

我不打算推荐太多，读者的阅读量有限，我也不可能读遍所有的书，所以只能在综合个人偏好、编辑意见、读者对象和市场销量等各种因素后，给出一个不完整、不客观的书单。不能保证推荐的书是每个读者喜欢的，但至少保证推荐的书不会是差书。任何推荐书单都带有推荐者的偏见，所以任何书单的功能都只是抛砖引玉。

其实，不管什么书，只要开始去阅读，只要读过几本不错的书，建立起了阅读兴趣，读者就开启了自我选书功能。每个爱上阅读的人都知道自己要读的书是哪些，自己是自己最好的荐书人。

儿童绘本

《安的种子》 王早早 / 文，黄丽 / 图

《妈妈，买绿豆》 曾阳晴 / 文，万华国 / 图

《米米听民乐》 周逸芬 / 编，陈致元 郑淑芬 陈全 等 / 图

《团圆》 余丽琼 / 文，朱成梁 / 图

《荷花镇的早市》 周翔 文 / 图

《别让太阳掉下来》 郭振媛 / 著，朱成梁 / 图

《最美的中国童话》 台湾汉声

《哆啦 A 梦》系列 [日] 藤子·F·不二雄

《第一次上街买东西》 [日] 筒井赖子 / 文，林明子 / 绘

《空冰箱》 [法] 加埃唐·多雷米 文 / 图，尹建莉 / 译

迪士尼系列 [美] 迪士尼公司

《野兽国》 [美] 莫里斯·桑达克 文 / 图，宋珮 / 译

《好饿的毛毛虫》 [美] 艾瑞·卡尔 文 / 图，郑明进 / 译

《晚安，大猩猩》 [美] 佩吉·拉特曼 文 / 图，爱心树 / 译

《逃家小兔》 [美] 玛格丽特·怀兹·布朗 / 文，克雷门·赫德 / 图，任艳红 / 译

《森林大会》 [美] 玛莉·荷·艾斯 文 / 图，邢培健 / 译

《小蓝和小黄》 [美] 李欧·李奥尼 文 / 图，彭懿 / 译

《幸运的内德》 [美] 雷米·查利普 文 / 图，蒲蒲兰 / 译

《玛德琳》 [美] 路德维格·贝梅尔曼斯 文 / 图，柯倩华 / 译

《一片叶子落下来》 [美] 利奥·巴斯卡利亚 文 / 图，任溶溶 / 译

《爱心树》 [美] 谢尔·希尔弗斯坦 / 编绘，傅惟慈 / 译

《爷爷一定有办法》[加]菲比·吉尔曼 文/图，宋珮/译

《猜猜我有多爱你》[英]山姆·麦克布雷尼/文，安妮塔婕朗/图，梅子涵/译

《我爸爸》《我妈妈》[英]安东尼·布朗 文/图，余治莹/译

《抱抱》[英]杰兹·阿波罗 文/图，上谊编辑部/译

《是谁嗯嗯在我的头上》[德]霍尔茨瓦特/文，埃布鲁赫/图，方素珍/译

《一粒种子的旅行》[德]安妮·默勒 文/图，王乾坤/译

少儿读物

《哈利·波特系列》[英]J.K.罗琳

《爱丽丝漫游奇境记》[英]刘易斯·卡洛尔

《夏洛的网》[美]怀特

《西顿野生动物故事集》[加]西顿

《昆虫记》[法]法布尔

《丁丁历险记》[比]埃尔热

《爱的教育》[意]亚米契斯

《犟龟》[德]米切尔·恩德

《窗边的小豆豆》[日]黑柳彻子

《活了一百万次的猫》[日]佐野洋子

《青铜葵花》曹文轩

《寻找鱼王》张炜

《女生日记》杨红樱

《舒克和贝塔》 郑渊洁

《中国童话》 黄蓓佳

《女生贾梅》《男生贾里》 秦文君

中国文学

《西游记》 吴承恩

《三国演义》 罗贯中

《水浒传》 施耐庵

《红楼梦》 曹雪芹

《家》 巴金

《边城》 沈从文

《京华烟云》 林语堂

《苏东坡传》 林语堂

《城南旧事》 林海音

《呼兰河传》 萧红

《生死场》 萧红

《围城》 钱锺书

《长恨歌》 王安忆

《秦腔》 贾平凹

《穆斯林的葬礼》 霍达

《平凡的世界》 路遥

《狼图腾》 姜戎

《文化苦旅》 余秋雨

《守望的距离》 周国平

《黑骏马》 张承志

《撒哈拉的故事》 三毛

《金庸全集》 金庸

《活着》 余华

《渔具列传》 盛文强

《精神明亮的人》 王开岭

《小忧伤》 赵瑜

《血脉与回望》 王月鹏

《三体》 刘慈欣

"时代三部曲"（《黄金时代》《白银时代》《青铜时代》） 王小波

《一个人的村庄》 刘亮程

《三重门》 韩寒

《还珠格格》系列 琼瑶

外国文学

《小王子》 [法] 圣埃克苏佩里

《红与黑》 [法] 司汤达

《巴黎圣母院》 [法] 雨果

《悲惨世界》 [法] 雨果

《海底两万里》 [法] 儒勒·凡尔纳

《约翰·克利斯朵夫》 [法] 罗曼·罗兰

《康素爱萝》 [法] 乔治·桑

《堂吉诃德》［西］塞万提斯

《简·爱》［英］夏洛蒂·勃朗特

《呼啸山庄》［英］艾米莉·勃朗特

《傲慢与偏见》［英］简·奥斯丁

《蝴蝶梦》［英］达夫妮·杜穆里埃

《双城记》［英］查尔斯·狄更斯

《远大前程》［英］查尔斯·狄更斯

《大卫·科波菲尔》［英］查尔斯·狄更斯

《鲁滨逊漂流记》［英］丹尼尔·笛福

《福尔摩斯探案集》［英］柯南·道尔

《绿野仙踪》［美］法兰克·鲍姆

《麦田里的守望者》［美］塞林格

《汤姆·索亚历险记》［美］马克·吐温

《飘》［美］玛格丽特·米切尔

《汤姆叔叔的小屋》［美］斯托夫人

《了不起的盖茨比》［美］菲茨杰拉德

《芒果街上的小屋》［美］桑德拉·希斯内罗丝

《奇风岁月》［美］罗伯特·麦卡蒙

《安娜·卡列尼娜》［俄］列夫·托尔斯泰

《金蔷薇》［俄］康·巴乌斯托夫斯基

《泰戈尔诗选》［印度］泰戈尔

《先知》［黎巴嫩］纪伯伦

历史

《左宗棠》徐志频

《东周列国志》冯梦龙

《明朝那些事儿》当年明月

《康熙大帝》二月河

《中国大历史》黄仁宇

《万古江河》许倬云

《全球通史》[美]斯塔夫里阿诺斯

《人类的故事》[美]房龙

《极简欧洲史》[澳]约翰·赫斯特

社科

《忏悔录》[法]卢梭

《宽容》[美]房龙

《我父亲的梦想：奥巴马回忆录》[美]奥巴马

《毛泽东传》[美]特里尔

《丘吉尔传》[英]马丁·吉尔伯特

《拿破仑传》[德]埃米尔·路德维希

科学

《中国国家地理》杂志

《科学的历程》 吴国盛

《数理化通俗演义》 梁衡

《太空日记》 景海鹏 等

《元素的故事》 [苏联] 依·尼查叶夫

《物理世界奇遇记》 [美] G. 伽莫夫

《天才引导的历程》 [美] 威廉·邓纳姆

《从一到无穷大》 [美] G. 伽莫夫

《过去 2000 年最伟大的发明》 [美] 约翰·布罗克曼

《寂静的春天》 [美] 蕾切尔·卡森

《别闹了，费曼先生》 [美] 费曼

《生命科学史》 [美] 洛伊斯·N. 玛格纳

《演化：跨越 40 亿年的生命记录》 [美] 卡尔·齐默

《一个超链接世界的界限》 [美] 安妮·凯瑟琳

《奇思妙想：15 位计算机天才及其重大发现》 [美] 萨拉，拉瑟

《恐龙文明三部曲》 [加] 罗伯特·J. 索耶

《自私的基因》 [英] 理查德·道金斯

《爱上数学——在游戏中与数学相遇》 [丹麦] 亨宁·安德森

推荐给教师和家长的经典教育读物

[苏联] 苏霍姆林斯基：《给教师的建议》

[美] 杜威：《民主主义与教育》

[美] 弗洛姆：《为自己的人》

[美] 弗洛姆：《爱的艺术》

[美] 戴维·迈尔斯：《社会心理学》

[英] A. S. 尼尔：《夏山学校》

[法] 卢梭：《爱弥儿》

[意] 蒙台梭利：《蒙台梭利幼儿教育科学方法》

[奥] A. 阿德勒：《自卑与超越》

陶行知：《陶行知教育文集》

钱理群：《语文教育门外谈》

陈鹤琴：《家庭教育》

李镇西：《爱心与教育》

朱旭东：《新比较教育》

陈嘉映：《哲学 科学 常识》

辜正坤：《中西文化比较导论》

李雪：《当我遇见一个人》

尹建莉作品一览

1. 著作《好妈妈胜过好老师》

家庭教育经典之作，现象级图书，一经面世即引起巨大轰动，畅销且长销，全球销量已近 800 万册，被誉为像小说一样好看，像"哲学一样深刻，像工具书一样实用"，影响千万家长，被多个国家引进出版，影响力遍布全球。一直被仿冒，从未被超越。

2. 著作《好妈妈胜过好老师 2》

从 22 万封读者来信中精选最具代表性的问题，给予精辟的回复。当下所有家庭教育问题，几乎一网打尽，所有问题都有答案，不仅有理论高度，也有具体方法。既是一本谈家庭教育的书，也是一本教会成年人如何生活的书。

3. 著作《最美的教育最简单》

本书集教育学与心理学原理为一体，以丰富的案例为载体，从专业视角对普遍的教育问题进行精辟又实用的解读，既有高度又非常接地气，有理论有方法有文采，不仅是家长自我教育的好读本，也是教师职业成长的实用参考书。荣登"CCTV 中国年度好书"榜，被数个国家和地区引进出版。

4. 译作《小王子》

目前中国市场上《小王子》译本很多，良莠不齐。而翻译是二次创作，体现着译者对原作的理解水平和自身的文字水平。尹建莉译本以准确的情感传达、精美的文字、深刻的解读得到了读者的一致好评，改变了一些人对《小王子》"没意思""不好懂"的评价，让这本书焕发出了应有的光彩。

5. 译作《空冰箱》

每年全世界出版的童书很多，获有影响力的博洛尼亚童书奖的则很少，被译介到中国的获奖作品更少，用"打油诗"形式翻译的童书则少之又少。本书大胆采用"打油诗"形式翻译，生动有趣，朗朗上口，这可能是国内首创。因着这本书出色的翻译，译者获中信出版社颁发的年度最佳译者奖。（中信出版社）

6. 主编《一周一首古诗词》

本套书精选了三百首诗歌，上自《诗经》，下至清代诗，含有小学教学大纲中的全部古诗词。既让孩子接触到一组最优秀的古诗词，又配合了学校的课程教育，减轻了孩子的学业负担。还根据"艾宾浩斯遗忘曲线"设计了"背诵提醒表"，配在每一首诗后面，可以方便地提醒家长或孩子哪天该复习哪首诗了。（作家出版社）

图书在版编目（CIP）数据

从小读到大 / 尹建莉著 . －－ 修订本 . －－ 武汉：长
江文艺出版社，2024.5

ISBN 978-7-5702-3567-4

Ⅰ. ①从… Ⅱ. ①尹… Ⅲ. ①阅读辅导－家庭教育
Ⅳ. ① G252.17 ② G78

中国国家版本馆 CIP 数据核字（2024）第 081086 号

从小读到大（修订本）

CONG XIAO DU DAO DA (XIU DING BEN)

尹建莉　著

选题产品策划生产机构 | 北京长江新世纪文化传媒有限公司

总 策 划 | 金丽红　黎 波

责任编辑 | 张 维　　　　　装帧设计 | 郭 璐　　　　　责任印制 | 张志杰　王会利

助理编辑 | 张雪雅　申丹丹　内文制作 | 张景莹

法律顾问 | 梁 飞　　　　　版权代理 | 何 红　　　　　媒体运营 | 刘冲 刘峥 洪振宇

总 发 行 | 北京长江新世纪文化传媒有限公司

电　话 | 010-58678881　　传　真 | 010-58677346

地　址 | 北京市朝阳区曙光西里甲 6 号时间国际大厦 A 座 1905 室　　邮　编 | 100028

出　版 | 长江出版传媒　长江文艺出版社

地　址 | 湖北省武汉市雄楚大街 268 号湖北出版文化城 B 座 9-11 楼　邮　编 | 430070

印　刷 | 天津盛辉印刷有限公司

开　本 | 710 毫米 ×1000 毫米　1/16　　印　张 | 17

版　次 | 2024 年 5 月第 1 版　　　　印　次 | 2024 年 5 月第 1 次印刷

字　数 | 204 千字

定　价 | 58.00 元

盗版必究（举报电话：010-58678881）

（图书如出现印装质量问题，请与选题产品策划生产机构联系调换）